HEINRICH VON KLEIST

Das Erdbeben in Chili
Das Bettelweib von Locarno
Die heilige Cäcilie
Über das Marionettentheater
und andere Prosastücke

PHILIPP RECLAM JUN. STUTTGART

Die Texte entsprechen der zweiten, völlig revidierten Auflage der *Sämtlichen Werke und Briefe,* herausgegeben von Helmut Sembdner, München: Hanser, 1961.

Universal-Bibliothek Nr. 7670
Alle Rechte vorbehalten. © für diese Ausgabe Philipp Reclam jun. Stuttgart 1967. © für den Text Carl Hanser Verlag München 1961. Herstellung: Reclam Stuttgart. Printed in Germany 1979
ISBN 3-15-007670-6

DAS ERDBEBEN IN CHILI

In St. Jago, der Hauptstadt des Königreichs Chili, stand
gerade in dem Augenblicke der großen Erderschütterung
vom Jahre 1647, bei welcher viele tausend Menschen
ihren Untergang fanden, ein junger, auf ein Verbrechen
angeklagter Spanier, namens *Jeronimo Rugera*, an einem
Pfeiler des Gefängnisses, in welches man ihn eingesperrt
hatte, und wollte sich erhenken. *Don Henrico Asteron*,
einer der reichsten Edelleute der Stadt, hatte ihn unge-
fähr ein Jahr zuvor aus seinem Hause, wo er als Lehrer
angestellt war, entfernt, weil er sich mit *Donna Josephe*,
seiner einzigen Tochter, in einem zärtlichen Einverständ-
nis befunden hatte. Eine geheime Bestellung, die dem
alten Don, nachdem er die Tochter nachdrücklich ge-
warnt hatte, durch die hämische Aufmerksamkeit seines
stolzen Sohnes verraten worden war, entrüstete ihn dergestalt, daß er sie in dem Karmeliterkloster unsrer lieben
Frauen vom Berge daselbst unterbrachte.

Durch einen glücklichen Zufall hatte Jeronimo hier die
Verbindung von neuem anzuknüpfen gewußt, und in
einer verschwiegenen Nacht den Klostergarten zum
Schauplatze seines vollen Glückes gemacht. Es war am
Fronleichnamsfeste, und die feierliche Prozession der
Nonnen, welchen die Novizen folgten, nahm eben ihren
Anfang, als die unglückliche Josephe, bei dem Anklange
der Glocken, in Mutterwehen auf den Stufen der Kathe-
drale niedersank.

Dieser Vorfall machte außerordentliches Aufsehn; man
brachte die junge Sünderin, ohne Rücksicht auf ihren Zustand, sogleich in ein Gefängnis, und kaum war sie aus
den Wochen erstanden, als ihr schon, auf Befehl des Erzbischofs, der geschärfteste Prozeß gemacht ward. Man
sprach in der Stadt mit einer so großen Erbitterung von

diesem Skandal, und die Zungen fielen so scharf über das ganze Kloster her, in welchem er sich zugetragen hatte, daß weder die Fürbitte der Familie Asteron, noch auch sogar der Wunsch der Äbtissin selbst, welche das junge Mädchen wegen ihres sonst untadelhaften Betragens lieb gewonnen hatte, die Strenge, mit welcher das klösterliche Gesetz sie bedrohte, mildern konnte. Alles, was geschehen konnte, war, daß der Feuertod, zu dem sie verurteilt wurde, zur großen Entrüstung der Matronen und Jungfrauen von St. Jago, durch einen Machtspruch des Vizekönigs, in eine Enthauptung verwandelt ward.

Man vermietete in den Straßen, durch welche der Hinrichtungszug gehen sollte, die Fenster, man trug die Dächer der Häuser ab, und die frommen Töchter der Stadt luden ihre Freundinnen ein, um dem Schauspiele, das der göttlichen Rache gegeben wurde, an ihrer schwesterlichen Seite beizuwohnen.

Jeronimo, der inzwischen auch in ein Gefängnis gesetzt worden war, wollte die Besinnung verlieren, als er diese ungeheure Wendung der Dinge erfuhr. Vergebens sann er auf Rettung: überall, wohin ihn auch der Fittig der vermessensten Gedanken trug, stieß er auf Riegel und Mauern, und ein Versuch, die Gitterfenster zu durchfeilen, zog ihm, da er entdeckt ward, eine nur noch engere Einsperrung zu. Er warf sich vor dem Bildnisse der heiligen Mutter Gottes nieder, und betete mit unendlicher Inbrunst zu ihr, als der einzigen, von der ihm jetzt noch Rettung kommen könnte.

Doch der gefürchtete Tag erschien, und mit ihm in seiner Brust die Überzeugung von der völligen Hoffnungslosigkeit seiner Lage. Die Glocken, welche Josephen zum Richtplatze begleiteten, ertönten, und Verzweiflung bemächtigte sich seiner Seele. Das Leben schien ihm verhaßt, und er beschloß, sich durch einen Strick, den ihm der Zufall gelassen hatte, den Tod zu geben. Eben stand er, wie schon gesagt, an einem Wandpfeiler, und befestigte den Strick, der ihn dieser jammervollen Welt entreißen sollte, an eine Eisenklammer, die an dem Gesimse derselben eingefugt war; als plötzlich der größte Teil der Stadt, mit einem Gekrache, als ob das Firmament einstürzte, versank, und alles, was Leben atmete, unter seinen Trümmern begrub. Jeronimo Rugera war starr vor Entsetzen; und gleich als ob sein ganzes Bewußtsein zerschmettert worden wäre, hielt er sich jetzt an dem Pfeiler, an welchem er hatte sterben wollen, um nicht umzufallen. Der Boden wankte unter seinen Füßen, alle Wände des Gefängnisses rissen, der ganze Bau neigte sich, nach der Straße zu einzustürzen, und nur der, seinem langsamen Fall begegnende, Fall des gegenüberstehenden Gebäudes verhinderte, durch eine zufällige Wölbung, die gänzliche Zubodenstreckung desselben. Zitternd, mit sträubenden Haaren, und Knieen, die unter ihm brechen wollten, glitt Jeronimo über den schiefgesenkten Fußboden hinweg, der Öffnung zu, die der Zusammenschlag beider Häuser in die vordere Wand des Gefängnisses eingerissen hatte.

Kaum befand er sich im Freien, als die ganze, schon erschütterte Straße auf eine zweite Bewegung der Erde völlig zusammenfiel. Besinnungslos, wie er sich aus diesem allgemeinen Verderben retten würde, eilte er, über Schutt und Gebälk hinweg, indessen der Tod von allen Seiten Angriffe auf ihn machte, nach einem der nächsten Tore der Stadt. Hier stürzte noch ein Haus zusammen, und jagte ihn, die Trümmer weit umherschleudernd, in eine Nebenstraße; hier leckte die Flamme schon, in Dampfwolken blitzend, aus allen Giebeln, und trieb ihn schreckenvoll in eine andere; hier wälzte sich, aus seinem Gestade gehoben, der Mapochofluß auf ihn heran, und riß ihn brüllend in eine dritte. Hier lag ein Haufen Er-

schlagener, hier ächzte noch eine Stimme unter dem
Schutte, hier schrieen Leute von brennenden Dächern
herab, hier kämpften Menschen und Tiere mit den Wel-
len, hier war ein mutiger Retter bemüht, zu helfen; hier
stand ein anderer, bleich wie der Tod, und streckte
sprachlos zitternde Hände zum Himmel. Als Jeronimo
das Tor erreicht, und einen Hügel jenseits desselben bestiegen hatte, sank er ohnmächtig auf demselben nieder.

Er mochte wohl eine Viertelstunde in der tiefsten Be-
wußtlosigkeit gelegen haben, als er endlich wieder er-
wachte, und sich, mit nach der Stadt gekehrtem Rücken,
halb auf dem Erdboden erhob. Er befühlte sich Stirn und
Brust, unwissend, was er aus seinem Zustande machen
sollte, und ein unsägliches Wonnegefühl ergriff ihn, als
ein Westwind, vom Meere her, sein wiederkehrendes Leben anwehte, und sein Auge sich nach allen Richtungen
über die blühende Gegend von St. Jago hinwandte. Nur
die verstörten Menschenhaufen, die sich überall blicken
ließen, beklemmten sein Herz; er begriff nicht, was ihn
und sie hiehergeführt haben konnte, und erst, da er sich
umkehrte, und die Stadt hinter sich versunken sah, erinnerte er sich des schrecklichen Augenblicks, den er er-
lebt hatte. Er senkte sich so tief, daß seine Stirn den Boden berührte, Gott für seine wunderbare Errettung zu
danken; und gleich, als ob der eine entsetzliche Ein-
druck, der sich seinem Gemüt eingeprägt hatte, alle frü-
heren daraus verdrängt hätte, weinte er vor Lust, daß er
sich des lieblichen Lebens, voll bunter Erscheinungen,
noch erfreue.

Drauf, als er eines Ringes an seiner Hand gewahrte, erinnerte er sich plötzlich auch Josephens; und mit ihr seines Gefängnisses, der Glocken, die er dort gehört hatte,
und des Augenblicks, der dem Einsturze desselben voran-
gegangen war. Tiefe Schwermut erfüllte wieder seine
Brust; sein Gebet fing ihn zu reuen an, und fürchterlich

schien ihm das Wesen, das über den Wolken waltet. Er
mischte sich unter das Volk, das überall, mit Rettung des
Eigentums beschäftigt, aus den Toren stürzte, und wagte
schüchtern nach der Tochter Asterons, und ob die Hin-
richtung an ihr vollzogen worden sei, zu fragen; doch
niemand war, der ihm umständliche Auskunft gab. Eine
Frau, die auf einem fast zur Erde gedrückten Nacken
eine ungeheure Last von Gerätschaften und zwei Kinder,
an der Brust hängend, trug, sagte im Vorbeigehen, als ob
sie es selbst angesehen hätte: daß sie enthauptet worden
sei. Jeronimo kehrte sich um; und da er, wenn er die Zeit
berechnete, selbst an ihrer Vollendung nicht zweifeln
konnte, so setzte er sich in einem einsamen Walde nieder,
und überließ sich seinem vollen Schmerz. Er wünschte,
daß die zerstörende Gewalt der Natur von neuem über
ihn einbrechen möchte. Er begriff nicht, warum er dem
Tode, den seine jammervolle Seele suchte, in jenen Augenblicken, da er ihm freiwillig von allen Seiten rettend erschien, entflohen sei. Er nahm sich fest vor, nicht zu
wanken, wenn auch jetzt die Eichen entwurzelt werden,
und ihre Wipfel über ihn zusammenstürzen sollten. Darauf nun, da er sich ausgeweint hatte, und ihm, mitten
unter den heißesten Tränen, die Hoffnung wieder erschienen war, stand er auf, und durchstreifte nach allen
Richtungen das Feld. Jeden Berggipfel, auf dem sich die
Menschen versammelt hatten, besuchte er; auf allen Wegen, wo sich der Strom der Flucht noch bewegte, begegnete er ihnen; wo nur irgend ein weibliches Gewand im
Winde flatterte, da trug ihn sein zitternder Fuß hin:
doch keines deckte die geliebte Tochter Asterons. Die
Sonne neigte sich, und mit ihr seine Hoffnung schon
wieder zum Untergange, als er den Rand eines Felsens
betrat, und sich ihm die Aussicht in ein weites, nur von
wenig Menschen besuchtes Tal eröffnete. Er durchlief,
unschlüssig, was er tun sollte, die einzelnen Gruppen der-

selben, und wollte sich schon wieder wenden, als er plötzlich an einer Quelle, die die Schlucht bewässerte, ein junges Weib erblickte, beschäftigt, ein Kind in seinen Fluten zu reinigen. Und das Herz hüpfte ihm bei diesem Anblick: er sprang voll Ahndung über die Gesteine herab, und rief: O Mutter Gottes, du Heilige! und erkannte Josephen, als sie sich bei dem Geräusche schüchtern umsah. Mit welcher Seligkeit umarmten sie sich, die Unglücklichen, die ein Wunder des Himmels gerettet hatte!

Josephe war, auf ihrem Gang zum Tode, dem Richtplatze schon ganz nahe gewesen, als durch den krachenden Einsturz der Gebäude plötzlich der ganze Hinrichtungszug auseinander gesprengt ward. Ihre ersten entsetzensvollen Schritte trugen sie hierauf dem nächsten Tore zu; doch die Besinnung kehrte ihr bald wieder, und sie wandte sich, um nach dem Kloster zu eilen, wo ihr kleiner, hülfloser Knabe zurückgeblieben war. Sie fand das ganze Kloster schon in Flammen, und die Äbtissin, die ihr in jenen Augenblicken, die ihre letzten sein sollten, Sorge für den Säugling angelobt hatte, schrie eben, vor den Pforten stehend, nach Hülfe, um ihn zu retten. Josephe stürzte sich, unerschrocken durch den Dampf, der ihr entgegenqualmte, in das von allen Seiten schon zusammenfallende Gebäude, und gleich, als ob alle Engel des Himmels sie umschirmten, trat sie mit ihm unbeschädigt wieder aus dem Portal hervor. Sie wollte der Äbtissin, welche die Hände über ihr Haupt zusammenschlug, eben in die Arme sinken, als diese, mit fast allen ihren Klosterfrauen, von einem herabfallenden Giebel des Hauses, auf eine schmähliche Art erschlagen ward. Josephe bebte bei diesem entsetzlichen Anblicke zurück; sie drückte der Äbtissin flüchtig die Augen zu, und floh, ganz von Schrecken erfüllt, den teuern Knaben, den ihr der Himmel wieder geschenkt hatte, dem Verderben zu entreißen.

Sie hatte noch wenig Schritte getan, als ihr auch schon

die Leiche des Erzbischofs begegnete, die man soeben zerschmettert aus dem Schutt der Kathedrale hervorgezogen hatte. Der Palast des Vizekönigs war versunken, der Gerichtshof, in welchem ihr das Urteil gesprochen worden war, stand in Flammen, und an die Stelle, wo sich ihr väterliches Haus befunden hatte, war ein See getreten, und kochte rötliche Dämpfe aus. Josephe raffte alle ihre Kräfte zusammen, sich zu halten. Sie schritt, den Jammer von ihrer Brust entfernend, mutig mit ihrer Beute von Straße zu Straße, und war schon dem Tore nah, als sie auch das Gefängnis, in welchem Jeronimo geseufzt hatte, in Trümmern sah. Bei diesem Anblicke wankte sie, und wollte besinnungslos an einer Ecke niedersinken; doch in demselben Augenblick jagte sie der Sturz eines Gebäudes hinter ihr, das die Erschütterungen schon ganz aufgelöst hatten, durch das Entsetzen gestärkt, wieder auf; sie küßte das Kind, drückte sich die Tränen aus den Augen, und erreichte, nicht mehr auf die Greuel, die sie umringten, achtend, das Tor. Als sie sich im Freien sah, schloß sie bald, daß nicht jeder, der ein zertrümmertes Gebäude bewohnt hatte, unter ihm notwendig müsse zerschmettert worden sein.

An dem nächsten Scheidewege stand sie still, und harrte, ob nicht einer, der ihr, nach dem kleinen Philipp, der liebste auf der Welt war, noch erscheinen würde. Sie ging, weil niemand kam, und das Gewühl der Menschen anwuchs, weiter, und kehrte sich wieder um, und harrte wieder; und schlich, viel Tränen vergießend, in ein dunkles, von Pinien beschattetes Tal, um seiner Seele, die sie entflohen glaubte, nachzubeten; und fand ihn hier, diesen Geliebten, im Tale, und Seligkeit, als ob es das Tal von Eden gewesen wäre.

Dies alles erzählte sie jetzt voll Rührung dem Jeronimo, und reichte ihm, da sie vollendet hatte, den Knaben zum Küssen dar. – Jeronimo nahm ihn, und hätschelte ihn in unsäglicher Vaterfreude, und verschloß ihm, da er das fremde Antlitz anweinte, mit Liebkosungen ohne Ende den Mund. Indessen war die schönste Nacht herabgestiegen, voll wundermilden Duftes, so silberglänzend und still, wie nur ein Dichter davon träumen mag. Überall, längs der Talquelle, hatten sich, im Schimmer des Mondscheins, Menschen niedergelassen, und bereiteten sich sanfte Lager von Moos und Laub, um von einem so qualvollen Tage auszuruhen. Und weil die Armen immer noch jammerten; dieser, daß er sein Haus, jener, daß er Weib und Kind, und der dritte, daß er alles verloren habe: so schlichen Jeronimo und Josephe in ein dichteres Gebüsch, um durch das heimliche Gejauchz ihrer Seelen niemand zu betrüben. Sie fanden einen prachtvollen Granatapfelbaum, der seine Zweige, voll duftender Früchte, weit ausbreitete; und die Nachtigall flötete im Wipfel ihr wollüstiges Lied. Hier ließ sich Jeronimo am Stamme nieder, und Josephe in seinem, Philipp in Josephens Schoß, saßen sie, von seinem Mantel bedeckt, und ruhten. Der Baumschatten zog, mit seinen verstreuten Lichtern, über sie hinweg, und der Mond erblaßte schon wieder vor der Morgenröte, ehe sie einschliefen. Denn Unendliches hatten sie zu schwatzen vom Klostergarten und den Gefängnissen, und was sie um einander gelitten hätten; und waren sehr gerührt, wenn sie dachten, wie viel Elend über die Welt kommen mußte, damit sie glücklich würden!

Sie beschlossen, sobald die Erderschütterungen aufgehört haben würden, nach La Conception zu gehen, wo Josephe eine vertraute Freundin hatte, sich mit einem kleinen Vorschuß, den sie von ihr zu erhalten hoffte, von dort nach Spanien einzuschiffen, wo Jeronimos mütterliche Verwandten wohnten, und daselbst ihr glückliches Leben zu beschließen. Hierauf, unter vielen Küssen, schliefen sie ein.

Als sie erwachten, stand die Sonne schon hoch am
Himmel, und sie bemerkten in ihrer Nähe mehrere Fa-
milien, beschäftigt, sich am Feuer ein kleines Morgenbrot
zu bereiten. Jeronimo dachte eben auch, wie er Nahrung
für die Seinigen herbeischaffen sollte, als ein junger
wohlgekleideter Mann, mit einem Kinde auf dem Arm,
zu Josephen trat, und sie mit Bescheidenheit fragte: ob
sie diesem armen Wurme, dessen Mutter dort unter den
Bäumen beschädigt liege, nicht auf kurze Zeit ihre Brust
reichen wolle? Josephe war ein wenig verwirrt, als sie in
ihm einen Bekannten erblickte; doch da er, indem er ihre
Verwirrung falsch deutete, fortfuhr: es ist nur auf wenige Augenblicke, Donna Josephe, und dieses Kind hat,
seit jener Stunde, die uns alle unglücklich gemacht hat,
nichts genossen; so sagte sie: »ich schwieg – aus einem
andern Grunde, Don Fernando; in diesen schrecklichen
Zeiten weigert sich niemand, von dem, was er besitzen
mag, mitzuteilen«: und nahm den kleinen Fremdling,
indem sie ihr eigenes Kind dem Vater gab, und legte ihn
an ihre Brust. Don Fernando war sehr dankbar für diese
Güte, und fragte: ob sie sich nicht mit ihm zu jener Gesellschaft verfügen wollten, wo eben jetzt beim Feuer
ein kleines Frühstück bereitet werde? Josephe antwortete, daß sie dies Anerbieten mit Vergnügen annehmen
würde, und folgte ihm, da auch Jeronimo nichts einzu-
wenden hatte, zu seiner Familie, wo sie auf das innigste
und zärtlichste von Don Fernandos beiden Schwägerin-
nen, die sie als sehr würdige junge Damen kannte, emp-
fangen ward.

Donna Elvire, Don Fernandos Gemahlin, welche
schwer an den Füßen verwundet auf der Erde lag, zog
Josephen, da sie ihren abgehärmten Knaben an der Brust
derselben sah, mit vieler Freundlichkeit zu sich nieder.
Auch Don Pedro, sein Schwiegervater, der an der Schulter
verwundet war, nickte ihr liebreich mit dem Haupte zu. –

In Jeronimos und Josephens Brust regten sich Gedanken von seltsamer Art. Wenn sie sich mit so vieler Ver-
traulichkeit und Güte behandelt sahen, so wußten sie
nicht, was sie von der Vergangenheit denken sollten, vom
Richtplatze, von dem Gefängnisse, und der Glocke; und
ob sie bloß davon geträumt hätten? Es war, als ob die
Gemüter, seit dem fürchterlichen Schlage, der sie durch-
dröhnt hatte, alle versöhnt wären. Sie konnten in der
Erinnerung gar nicht weiter, als bis auf ihn, zurückgehen.
Nur Donna Elisabeth, welche bei einer Freundin, auf das
Schauspiel des gestrigen Morgens, eingeladen worden
war, die Einladung aber nicht angenommen hatte, ruhte
zuweilen mit träumerischem Blicke auf Josephen; doch
der Bericht, der über irgend ein neues gräßliches Unglück
erstattet ward, riß ihre, der Gegenwart kaum entflohene
Seele schon wieder in dieselbe zurück.
Man erzählte, wie die Stadt gleich nach der ersten
Haupterschütterung von Weibern ganz voll gewesen, die
vor den Augen aller Männer niedergekommen seien; wie
die Mönche darin, mit dem Kruzifix in der Hand, um-
hergelaufen wären, und geschrieen hätten: das Ende der
Welt sei da! wie man einer Wache, die auf Befehl des
Vizekönigs verlangte, eine Kirche zu räumen, geantwor-
tet hätte: es gäbe keinen Vizekönig von Chili mehr! wie
der Vizekönig in den schrecklichsten Augenblicken hätte
müssen Galgen aufrichten lassen, um der Dieberei Ein-
halt zu tun; und wie ein Unschuldiger, der sich von hinten durch ein brennendes Haus gerettet, von dem Besit-
zer aus Übereilung ergriffen, und sogleich auch aufge-
knüpft worden wäre. Donna Elvire, bei deren Verlet-
zungen Josephe viel beschäftigt war, hatte in einem
Augenblick, da gerade die Erzählungen sich am lebhaftesten kreuzten, Gelegenheit genommen, sie zu fragen: wie
es denn ihr an diesem fürchterlichen Tag ergangen sei?
Und da Josephe ihr, mit beklemmtem Herzen, einige

Hauptzüge davon angab, so ward ihr die Wollust, Tränen in die Augen dieser Dame treten zu sehen; Donna Elvire ergriff ihre Hand, und drückte sie, und winkte ihr, zu schweigen. Josephe dünkte sich unter den Seligen. Ein Gefühl, das sie nicht unterdrücken konnte, nannte den verfloßnen Tag, so viel Elend er auch über die Welt gebracht hatte, eine Wohltat, wie der Himmel noch keine über sie verhängt hatte. Und in der Tat schien, mitten in diesen gräßlichen Augenblicken, in welchen alle irdischen Güter der Menschen zu Grunde gingen, und die ganze Natur verschüttet zu werden drohte, der menschliche Geist selbst, wie eine schöne Blume, aufzugehn. Auf den Feldern, so weit das Auge reichte, sah man Menschen von allen Ständen durcheinander liegen, Fürsten und Bettler, Matronen und Bäuerinnen, Staatsbeamte und Tagelöhner, Klosterherren und Klosterfrauen: einander bemitleiden, sich wechselseitig Hülfe reichen, von dem, was sie zur Erhaltung ihres Lebens gerettet haben mochten, freudig mitteilen, als ob das allgemeine Unglück alles, was ihm entronnen war, zu *einer* Familie gemacht hätte.

Statt der nichtssagenden Unterhaltungen, zu welchen sonst die Welt an den Teetischen den Stoff hergegeben hatte, erzählte man jetzt Beispiele von ungeheuern Taten: Menschen, die man sonst in der Gesellschaft wenig geachtet hatte, hatten Römergröße gezeigt; Beispiele zu Haufen von Unerschrockenheit, von freudiger Verachtung der Gefahr, von Selbstverleugnung und der göttlichen Aufopferung, von ungesäumter Wegwerfung des Lebens, als ob es, dem nichtswürdigsten Gute gleich, auf dem nächsten Schritte schon wiedergefunden würde. Ja, da nicht einer war, für den nicht an diesem Tage etwas Rührendes geschehen wäre, oder der nicht selbst etwas Großmütiges getan hätte, so war der Schmerz in jeder Menschenbrust mit so viel süßer Lust vermischt, daß sich, wie sie meinte, gar nicht angeben ließ, ob die Summe des

allgemeinen Wohlseins nicht von der einen Seite um
ebenso viel gewachsen war, als sie von der anderen ab-
genommen hatte.

Jeronimo nahm Josephen, nachdem sich beide in diesen Betrachtungen stillschweigend erschöpft hatten, beim
Arm, und führte sie mit unaussprechlicher Heiterkeit
unter den schattigen Lauben des Granatwaldes auf und
nieder. Er sagte ihr, daß er, bei dieser Stimmung der Gemüter und dem Umsturz aller Verhältnisse, seinen Ent-
schluß, sich nach Europa einzuschiffen, aufgebe; daß er
vor dem Vizekönig, der sich seiner Sache immer günstig
gezeigt, falls er noch am Leben sei, einen Fußfall wagen
würde; und daß er Hoffnung habe (wobei er ihr einen
Kuß aufdrückte), mit ihr in Chili zurückzubleiben. Josephe antwortete, daß ähnliche Gedanken in ihr aufge-
stiegen wären; daß auch sie nicht mehr, falls ihr Vater
nur noch am Leben sei, ihn zu versöhnen zweifle; daß sie
aber statt des Fußfalles lieber nach La Conception zu
gehen, und von dort aus schriftlich das Versöhnungs-
geschäft mit dem Vizekönig zu betreiben rate, wo man
auf jeden Fall in der Nähe des Hafens wäre, und für
den besten, wenn das Geschäft die erwünschte Wendung
nähme, ja leicht wieder nach St. Jago zurückkehren
könnte. Nach einer kurzen Überlegung gab Jeronimo der
Klugheit dieser Maßregel seinen Beifall, führte sie noch
ein wenig, die heitern Momente der Zukunft überflie-
gend, in den Gängen umher, und kehrte mit ihr zur Gesellschaft zurück.

Inzwischen war der Nachmittag herangekommen, und
die Gemüter der herumschwärmenden Flüchtlinge hatten sich, da die Erdstöße nachließen, nur kaum wieder
ein wenig beruhigt, als sich schon die Nachricht ver-
breitete, daß in der Dominikanerkirche, der einzigen,
welche das Erdbeben verschont hatte, eine feierliche Messe
von dem Prälaten des Klosters selbst gelesen werden

würde, den Himmel um Verhütung ferneren Unglücks
anzuflehen.

Das Volk brach schon aus allen Gegenden auf, und
eilte in Strömen zur Stadt. In Don Fernandos Gesellschaft ward die Frage aufgeworfen, ob man nicht auch
an dieser Feierlichkeit Teil nehmen, und sich dem allgemeinen Zuge anschließen solle? Donna Elisabeth erinnerte, mit einiger Beklemmung, was für ein Unheil
gestern in der Kirche vorgefallen sei; daß solche Dank-
feste ja wiederholt werden würden, und daß man sich
der Empfindung alsdann, weil die Gefahr schon mehr
vorüber wäre, mit desto größerer Heiterkeit und Ruhe
überlassen könnte. Josephe äußerte, indem sie mit einiger Begeisterung sogleich aufstand, daß sie den Drang,
ihr Antlitz vor dem Schöpfer in den Staub zu legen, niemals lebhafter empfunden habe, als eben jetzt, wo er
seine unbegreifliche und erhabene Macht so entwickle.
Donna Elvire erklärte sich mit Lebhaftigkeit für Josephens Meinung. Sie bestand darauf, daß man die Messe
hören sollte, und rief Don Fernando auf, die Gesellschaft zu führen, worauf sich alles, Donna Elisabeth
auch, von den Sitzen erhob. Da man jedoch letztere, mit
heftig arbeitender Brust, die kleinen Anstalten zum Auf-
bruche zaudernd betreiben sah, und sie, auf die Frage:
was ihr fehle? antwortete: sie wisse nicht, welch eine unglückliche Ahndung in ihr sei? so beruhigte sie Donna
Elvire, und foderte sie auf, bei ihr und ihrem kranken
Vater zurückzubleiben. Josephe sagte: so werden Sie mir
wohl, Donna Elisabeth, diesen kleinen Liebling abneh-
men, der sich schon wieder, wie Sie sehen, bei mir eingefunden hat. Sehr gern, antwortete Donna Elisabeth,
und machte Anstalten ihn zu ergreifen; doch da dieser
über das Unrecht, das ihm geschah, kläglich schrie, und
auf keine Art darein willigte, so sagte Josephe lächelnd,
daß sie ihn nur behalten wolle, und küßte ihn wieder

still. Hierauf bot Don Fernando, dem die ganze Würdig-
keit und Anmut ihres Betragens sehr gefiel, ihr den Arm;
Jeronimo, welcher den kleinen Philipp trug, führte
Donna Constanzen; die übrigen Mitglieder, die sich bei
der Gesellschaft eingefunden hatten, folgten; und in dieser Ordnung ging der Zug nach der Stadt.

Sie waren kaum funfzig Schritte gegangen, als man
Donna Elisabeth welche inzwischen heftig und heimlich
mit Donna Elvire gesprochen hatte: Don Fernando! rufen hörte, und dem Zuge mit unruhigen Tritten nacheilen
sah. Don Fernando hielt, und kehrte sich um; harrte
ihrer, ohne Josephen loszulassen, und fragte, da sie,
gleich als ob sie auf sein Entgegenkommen wartete, in
einiger Ferne stehen blieb: was sie wolle? Donna Elisabeth
näherte sich ihm hierauf, obschon, wie es schien, mit
Widerwillen, und raunte ihm, doch so, daß Josephe es
nicht hören konnte, einige Worte ins Ohr. Nun? fragte
Don Fernando: und das Unglück, das daraus entstehen
kann? Donna Elisabeth fuhr fort, ihm mit verstörtem
Gesicht ins Ohr zu zischeln. Don Fernando stieg eine
Röte des Unwillens ins Gesicht; er antwortete: es wäre
gut! Donna Elvire möchte sich beruhigen; und führte
seine Dame weiter. –

Als sie in der Kirche der Dominikaner ankamen, ließ
sich die Orgel schon mit musikalischer Pracht hören, und
eine unermeßliche Menschenmenge wogte darin. Das Ge-
dränge erstreckte sich bis weit vor den Portalen auf den
Vorplatz der Kirche hinaus, und an den Wänden hoch,
in den Rahmen der Gemälde, hingen Knaben, und hiel-
ten mit erwartungsvollen Blicken ihre Mützen in der
Hand. Von allen Kronleuchtern strahlte es herab, die
Pfeiler warfen, bei der einbrechenden Dämmerung, ge-
heimnisvolle Schatten, die große von gefärbtem Glas ge-
arbeitete Rose in der Kirche äußerstem Hintergrunde
glühte, wie die Abendsonne selbst, die sie erleuchtete,

und Stille herrschte, da die Orgel jetzt schwieg, in der
ganzen Versammlung, als hätte keiner einen Laut in der
Brust. Niemals schlug aus einem christlichen Dom eine
solche Flamme der Inbrunst gen Himmel, wie heute aus
dem Dominikanerdom zu St. Jago; und keine menschliche Brust gab wärmere Glut dazu her, als Jeronimos
und Josephens!

Die Feierlichkeit fing mit einer Predigt an, die der
ältesten Chorherren einer, mit dem Festschmuck angetan,
von der Kanzel hielt. Er begann gleich mit Lob, Preis
und Dank, seine zitternden, vom Chorhemde weit um-
flossenen Hände hoch gen Himmel erhebend, daß noch
Menschen seien, auf diesem, in Trümmer zerfallenden
Teile der Welt, fähig, zu Gott empor zu stammeln. Er
schilderte, was auf den Wink des Allmächtigen geschehen
war; das Weltgericht kann nicht entsetzlicher sein; und
als er das gestrige Erdbeben gleichwohl, auf einen Riß,
den der Dom erhalten hatte, hinzeigend, einen bloßen
Vorboten davon nannte, lief ein Schauder über die ganze
Versammlung. Hierauf kam er, im Flusse priesterlicher
Beredsamkeit, auf das Sittenverderbnis der Stadt; Greuel,
wie Sodom und Gomorrha sie nicht sahen, straft' er an
ihr; und nur der unendlichen Langmut Gottes schrieb er
es zu, daß sie noch nicht gänzlich vom Erdboden vertilgt
worden sei.

Aber wie dem Dolche gleich fuhr es durch die von dieser Predigt schon ganz zerrissenen Herzen unserer beiden
Unglücklichen, als der Chorherr bei dieser Gelegenheit
umständlich des Frevels erwähnte, der in dem Klostergarten der Karmeliterinnen verübt worden war; die
Schonung, die er bei der Welt gefunden hatte, gottlos
nannte, und in einer von Verwünschungen erfüllten Sei-
tenwendung, die Seelen der Täter, wörtlich genannt,
allen Fürsten der Hölle übergab! Donna Constanze rief,
indem sie an Jeronimos Armen zuckte: Don Fernando!

Doch dieser antwortete so nachdrücklich und doch so heimlich, wie sich beides verbinden ließ: »Sie schweigen, Donna, Sie rühren auch den Augapfel nicht, und tun, als ob Sie in eine Ohnmacht versänken; worauf wir die Kirche verlassen.« Doch, ehe Donna Constanze diese sinnreiche zur Rettung erfundene Maßregel noch ausgeführt hatte, rief schon eine Stimme, des Chorherrn Predigt laut unterbrechend, aus: Weichet fern hinweg, ihr Bürger von St. Jago, hier stehen diese gottlosen Menschen! Und als eine andere Stimme schreckenvoll, indessen sich ein weiter Kreis des Entsetzens um sie bildete, fragte: wo? hier! versetzte ein Dritter, und zog, heiliger Ruchlosigkeit voll, Josephen bei den Haaren nieder, daß sie mit Don Fernandos Sohne zu Boden getaumelt wäre, wenn dieser sie nicht gehalten hätte. »Seid ihr wahnsinnig?« rief der Jüngling, und schlug den Arm um Josephen: »ich bin Don Fernando Ormez, Sohn des Kommandanten der Stadt, den ihr alle kennt.« Don Fernando Ormez? rief, dicht vor ihn hingestellt, ein Schuhflicker, der für Josephen gearbeitet hatte, und diese wenigstens so genau kannte, als ihre kleinen Füße. Wer ist der Vater zu diesem Kinde? wandte er sich mit frechem Trotz zur Tochter Asterons. Don Fernando erblaßte bei dieser Frage. Er sah bald den Jeronimo schüchtern an, bald überflog er die Versammlung, ob nicht einer sei, der ihn kenne? Josephe rief, von entsetzlichen Verhältnissen gedrängt: dies ist nicht mein Kind, Meister Pedrillo, wie Er glaubt; indem sie, in unendlicher Angst der Seele, auf Don Fernando blickte: dieser junge Herr ist Don Fernando Ormez, Sohn des Kommandanten der Stadt, den ihr alle kennt! Der Schuster fragte: wer von euch, ihr Bürger, kennt diesen jungen Mann? Und mehrere der Umstehenden wiederholten: wer kennt den Jeronimo Rugera? Der trete vor! Nun traf es sich, daß in demselben Augenblick der kleine Juan, durch den Tumult erschreckt, von Josephens Brust weg Don Fernando in die Arme strebte. Hierauf: Er *ist* der Vater! schrie eine Stimme; und: er *ist* Jeronimo Rugera! eine andere; und: sie *sind* die gotteslästerlichen Menschen! eine dritte; und: steinigt sie! steinigt sie! die ganze im Tempel Jesu versammelte Christenheit! Drauf jetzt Jeronimo: Halt! Ihr Unmenschlichen! Wenn ihr den Jeronimo Rugera sucht: hier ist er! Befreit jenen Mann, welcher unschuldig ist! –

Der wütende Haufen, durch die Äußerung Jeronimos verwirrt, stutzte; mehrere Hände ließen Don Fernando los; und da in demselben Augenblick ein Marine-Offizier von bedeutendem Rang herbeieilte, und, indem er sich durch den Tumult drängte, fragte: Don Fernando Ormez! Was ist Euch widerfahren? so antwortete dieser, nun völlig befreit, mit wahrer heldenmütiger Besonnenheit: »Ja, sehen Sie, Don Alonzo, die Mordknechte! Ich wäre verloren gewesen, wenn dieser würdige Mann sich nicht, die rasende Menge zu beruhigen, für Jeronimo Rugera ausgegeben hätte. Verhaften Sie ihn, wenn Sie die Güte haben wollen, nebst dieser jungen Dame, zu ihrer beiderseitigen Sicherheit; und diesen Nichtswürdigen«, indem er Meister Pedrillo ergriff, »der den ganzen Aufruhr angezettelt hat!« Der Schuster rief: Don Alonzo Onoreja, ich frage Euch auf Euer Gewissen, ist dieses Mädchen nicht Josephe Asteron? Da nun Don Alonzo, welcher Josephen sehr genau kannte, mit der Antwort zauderte, und mehrere Stimmen, dadurch von neuem zur Wut entflammt, riefen: sie ists, sie ists! und: bringt sie zu Tode! so setzte Josephe den kleinen Philipp, den Jeronimo bisher getragen hatte, samt dem kleinen Juan, auf Don Fernandos Arm, und sprach: gehn Sie, Don Fernando, retten Sie Ihre beiden Kinder, und überlassen Sie uns unserm Schicksale!

Don Fernando nahm die beiden Kinder und sagte: er wolle eher umkommen, als zugeben, daß seiner Gesell-

schaft etwas zu Leide geschehe. Er bot Josephen, nachdem er sich den Degen des Marine-Offiziers ausgebeten
hatte, den Arm, und forderte das hintere Paar auf, ihm
zu folgen. Sie kamen auch wirklich, indem man ihnen,
bei solchen Anstalten, mit hinlänglicher Ehrerbietigkeit
Platz machte, aus der Kirche heraus, und glaubten sich
gerettet. Doch kaum waren sie auf den von Menschen
gleichfalls erfüllten Vorplatz derselben getreten, als eine
Stimme aus dem rasenden Haufen, der sie verfolgt hatte,
rief: dies ist Jeronimo Rugera, ihr Bürger, denn ich bin
sein eigner Vater! und ihn an Donna Constanzens Seite
mit einem ungeheuren Keulenschlage zu Boden streckte.
Jesus Maria! rief Donna Constanze, und floh zu ihrem
Schwager; doch: Klostermetze! erscholl es schon, mit
einem zweiten Keulenschlage, von einer andern Seite, der
sie leblos neben Jeronimo niederwarf. Ungeheuer! rief
ein Unbekannter: dies war Donna Constanze Xares!
Warum belogen sie uns! antwortete der Schuster; sucht
die rechte auf, und bringt sie um! Don Fernando, als er
Constanzens Leichnam erblickte, glühte vor Zorn; er zog
und schwang das Schwert, und hieb, daß er ihn gespalten
hätte, den fanatischen Mordknecht, der diese Greuel ver-
anlaßte, wenn derselbe nicht, durch eine Wendung, dem
wütenden Schlag entwichen wäre. Doch da er die Menge,
die auf ihn eindrang, nicht überwältigen konnte: leben
Sie wohl, Don Fernando mit den Kindern! rief Josephe
– und: hier mordet mich, ihr blutdürstenden Tiger! und
stürzte sich freiwillig unter sie, um dem Kampf ein Ende
zu machen. Meister Pedrillo schlug sie mit der Keule nieder. Darauf ganz mit ihrem Blute besprützt: schickt ihr
den Bastard zur Hölle nach! rief er, und drang, mit noch
ungesättigter Mordlust, von neuem vor.

Don Fernando, dieser göttliche Held, stand jetzt, den
Rücken an die Kirche gelehnt; in der Linken hielt er die
Kinder, in der Rechten das Schwert. Mit jedem Hiebe

wetterstrahlte er einen zu Boden; ein Löwe wehrt sich
nicht besser. Sieben Bluthunde lagen tot vor ihm, der
Fürst der satanischen Rotte selbst war verwundet. Doch
Meister Pedrillo ruhte nicht eher, als bis er der Kinder
eines bei den Beinen von seiner Brust gerissen, und, hoch-
her im Kreise geschwungen, an eines Kirchpfeilers Ecke
zerschmettert hatte. Hierauf ward es still, und alles ent-
fernte sich. Don Fernando, als er seinen kleinen Juan vor
sich liegen sah, mit aus dem Hirne vorquellenden Mark,
hob, voll namenlosen Schmerzes, seine Augen gen Himmel.

Der Marine-Offizier fand sich wieder bei ihm ein,
suchte ihn zu trösten, und versicherte ihn, daß seine Untätigkeit bei diesem Unglück, obschon durch mehrere
Umstände gerechtfertigt, ihn reue; doch Don Fernando
sagte, daß ihm nichts vorzuwerfen sei, und bat ihn nur, die
Leichname jetzt fortschaffen zu helfen. Man trug sie alle,
bei der Finsternis der einbrechenden Nacht, in Don Alon-
zos Wohnung, wohin Don Fernando ihnen, viel über das
Antlitz des kleinen Philipp weinend, folgte. Er über-
nachtete auch bei Don Alonzo, und säumte lange, unter
falschen Vorspiegelungen, seine Gemahlin von dem ganzen Umfang des Unglücks zu unterrichten; einmal, weil
sie krank war, und dann, weil er auch nicht wußte, wie
sie sein Verhalten bei dieser Begebenheit beurteilen
würde; doch kurze Zeit nachher, durch einen Besuch zufällig von allem, was geschehen war, benachrichtigt,
weinte diese treffliche Dame im Stillen ihren mütter-
lichen Schmerz aus, und fiel ihm mit dem Rest einer er-
glänzenden Träne eines Morgens um den Hals und küßte
ihn. Don Fernando und Donna Elvire nahmen hierauf
den kleinen Fremdling zum Pflegesohn an; und wenn
Don Fernando Philippen mit Juan verglich, und wie er
beide erworben hatte, so war es ihm fast, als müßt er
sich freuen.

Am Fuße der Alpen, bei Locarno im oberen Italien, befand sich ein altes, einem Marchese gehöriges Schloß, das
man jetzt, wenn man vom St. Gotthard kommt, in
Schutt und Trümmern liegen sieht: ein Schloß mit hohen
und weitläufigen Zimmern, in deren einem einst, auf
Stroh, das man ihr unterschüttete, eine alte kranke Frau,
die sich bettelnd vor der Tür eingefunden hatte, von der
Hausfrau aus Mitleiden gebettet worden war. Der Marchese, der, bei der Rückkehr von der Jagd, zufällig in
das Zimmer trat, wo er seine Büchse abzusetzen pflegte,
befahl der Frau unwillig, aus dem Winkel, in welchem
sie lag, aufzustehen, und sich hinter den Ofen zu verfügen. Die Frau, da sie sich erhob, glitschte mit der
Krücke auf dem glatten Boden aus, und beschädigte sich,
auf eine gefährliche Weise, das Kreuz; dergestalt, daß
sie zwar noch mit unsäglicher Mühe aufstand und quer,
wie es vorgeschrieben war, über das Zimmer ging, hinter den Ofen aber, unter Stöhnen und Ächzen, niedersank und verschied.
     Mehrere Jahre nachher, da der Marchese, durch Krieg
und Mißwachs, in bedenkliche Vermögensumstände ge-
raten war, fand sich ein florentinischer Ritter bei ihm
ein, der das Schloß, seiner schönen Lage wegen, von ihm
kaufen wollte. Der Marchese, dem viel an dem Handel
gelegen war, gab seiner Frau auf, den Fremden in dem
obenerwähnten, leerstehenden Zimmer, das sehr schön
und prächtig eingerichtet war, unterzubringen. Aber wie
betreten war das Ehepaar, als der Ritter mitten in der
Nacht, verstört und bleich, zu ihnen herunter kam, hoch
und teuer versichernd, daß es in dem Zimmer spuke, indem etwas, das dem Blick unsichtbar gewesen, mit einem
Geräusch, als ob es auf Stroh gelegen, im Zimmerwinkel

aufgestanden, mit vernehmlichen Schritten, langsam und gebrechlich, quer über das Zimmer gegangen, und hinter dem Ofen, unter Stöhnen und Ächzen, niedergesunken sei.

Der Marchese erschrocken, er wußte selbst nicht recht warum, lachte den Ritter mit erkünstelter Heiterkeit aus, und sagte, er wolle sogleich aufstehen, und die Nacht zu seiner Beruhigung, mit ihm in dem Zimmer zubringen. Doch der Ritter bat um die Gefälligkeit, ihm zu erlauben, daß er auf einem Lehnstuhl, in seinem Schlafzimmer übernachte, und als der Morgen kam, ließ er anspannen, empfahl sich und reiste ab.

Dieser Vorfall, der außerordentliches Aufsehen machte, schreckte auf eine dem Marchese höchst unangenehme Weise, mehrere Käufer ab; dergestalt, daß, da sich unter seinem eigenen Hausgesinde, befremdend und unbegreiflich, das Gerücht erhob, daß es in dem Zimmer, zur Mitternachtsstunde, umgehe, er, um es mit einem entscheidenden Verfahren niederzuschlagen, beschloß, die Sache in der nächsten Nacht selbst zu untersuchen. Demnach ließ er, beim Einbruch der Dämmerung, sein Bett in dem besagten Zimmer aufschlagen, und erharrte, ohne zu schlafen, die Mitternacht. Aber wie erschüttert war er, als er in der Tat, mit dem Schlage der Geisterstunde, das unbegreifliche Geräusch wahrnahm; es war, als ob ein Mensch sich von Stroh, das unter ihm knisterte, erhob, quer über das Zimmer ging, und hinter dem Ofen, unter Geseufz und Geröchel niedersank. Die Marquise, am andern Morgen, da er herunter kam, fragte ihn, wie die Untersuchung abgelaufen; und da er sich, mit scheuen und ungewissen Blicken, umsah, und, nachdem er die Tür verriegelt, versicherte, daß es mit dem Spuk seine Richtigkeit habe: so erschrak sie, wie sie in ihrem Leben nicht getan, und bat ihn, bevor er die Sache verlauten ließe, sie noch einmal, in ihrer Gesellschaft, einer kaltblütigen Prü-

fung zu unterwerfen. Sie hörten aber, samt einem treuen
Bedienten, den sie mitgenommen hatten, in der Tat, in
der nächsten Nacht, dasselbe unbegreifliche, gespensterartige Geräusch; und nur der dringende Wunsch, das
Schloß, es koste was es wolle, los zu werden, vermochte
sie, das Entsetzen, das sie ergriff, in Gegenwart ihres
Dieners zu unterdrücken, und dem Vorfall irgend eine
gleichgültige und zufällige Ursache, die sich entdecken
lassen müsse, unterzuschieben. Am Abend des dritten
Tages, da beide, um der Sache auf den Grund zu kommen, mit Herzklopfen wieder die Treppe zu dem Frem-
denzimmer bestiegen, fand sich zufällig der Haushund,
den man von der Kette losgelassen hatte, vor der Tür
desselben ein; dergestalt, daß beide, ohne sich bestimmt
zu erklären, vielleicht in der unwillkürlichen Absicht,
außer sich selbst noch etwas Drittes, Lebendiges, bei sich
zu haben, den Hund mit sich in das Zimmer nahmen.
Das Ehepaar, zwei Lichter auf dem Tisch, die Marquise
unausgezogen, der Marchese Degen und Pistolen, die er
aus dem Schrank genommen, neben sich, setzen sich,
gegen eilf Uhr, jeder auf sein Bett; und während sie sich
mit Gesprächen, so gut sie vermögen, zu unterhalten
suchen, legt sich der Hund, Kopf und Beine zusammen
gekauert, in der Mitte des Zimmers nieder und schläft
ein. Drauf, in dem Augenblick der Mitternacht, läßt sich
das entsetzliche Geräusch wieder hören; jemand, den
kein Mensch mit Augen sehen kann, hebt sich, auf Krük-
ken, im Zimmerwinkel empor; man hört das Stroh, das
unter ihm rauscht; und mit dem ersten Schritt: tapp!
tapp! erwacht der Hund, hebt sich plötzlich, die Ohren
spitzend, vom Boden empor, und knurrend und bellend,
grad als ob ein Mensch auf ihn eingeschritten käme, rück-
wärts gegen den Ofen weicht er aus. Bei diesem Anblick
stürzt die Marquise, mit sträubenden Haaren, aus dem
Zimmer; und während der Marquis, der den Degen er-

griffen: wer da? ruft, und da ihm niemand antwortet, gleich einem Rasenden, nach allen Richtungen die Luft durchhaut, läßt sie anspannen, entschlossen, augenblicklich, nach der Stadt abzufahren. Aber ehe sie noch einige Sachen zusammengepackt und aus dem Tore herausgerasselt, sieht sie schon das Schloß ringsum in Flammen aufgehen. Der Marchese, von Entsetzen überreizt, hatte eine Kerze genommen, und dasselbe, überall mit Holz getäfelt wie es war, an allen vier Ecken, müde seines Lebens, angesteckt. Vergebens schickte sie Leute hinein, den Unglücklichen zu retten; er war auf die elendiglichste Weise bereits umgekommen, und noch jetzt liegen, von den Landleuten zusammengetragen, seine weißen Gebeine in dem Winkel des Zimmers, von welchem er das Bettelweib von Locarno hatte aufstehen heißen.

DIE HEILIGE CÄCILIE

oder

DIE GEWALT DER MUSIK

(Eine Legende)

Um das Ende des sechzehnten Jahrhunderts, als die Bilderstürmerei in den Niederlanden wütete, trafen drei Brüder, junge in Wittenberg studierende Leute, mit einem vierten, der in Antwerpen als Prädikant angestellt war, in der Stadt Aachen zusammen. Sie wollten daselbst eine Erbschaft erheben, die ihnen von Seiten eines alten, ihnen allen unbekannten Oheims zugefallen war, und kehrten, weil niemand in dem Ort war, an den sie sich hätten wenden können, in einem Gasthof ein. Nach Verlauf einiger Tage, die sie damit zugebracht hatten, den Prädikanten über die merkwürdigen Auftritte, die in den Niederlanden vorgefallen waren, anzuhören, traf es sich, daß von den Nonnen im Kloster der heiligen Cäcilie, das damals vor den Toren dieser Stadt lag, der Fronleichnamstag festlich begangen werden sollte; dergestalt, daß die vier Brüder, von Schwärmerei, Jugend und dem Beispiel der Niederländer erhitzt, beschlossen, auch der Stadt Aachen das Schauspiel einer Bilderstürmerei zu geben. Der Prädikant, der dergleichen Unternehmungen mehr als einmal schon geleitet hatte, versammelte, am Abend zuvor, eine Anzahl junger, der neuen Lehre ergebener Kaufmannssöhne und Studenten, welche, in dem Gasthofe, bei Wein und Speisen, unter Verwünschungen des Papsttums, die Nacht zubrachten; und, da der Tag über die Zinnen der Stadt aufgegangen, versahen sie sich mit Äxten und Zerstörungswerkzeugen aller Art, um ihr ausgelassenes Geschäft zu beginnen. Sie verabredeten frohlockend ein Zeichen, auf welches sie damit anfangen

wollten, die Fensterscheiben, mit biblischen Geschichten
bemalt, einzuwerfen; und eines großen Anhangs, den sie
unter dem Volk finden würden, gewiß, verfügten sie
sich, entschlossen keinen Stein auf dem andern zu lassen,
in der Stunde, da die Glocken läuteten, in den Dom. Die
Äbtissin, die, schon beim Anbruch des Tages, durch einen
Freund von der Gefahr, in welcher das Kloster schwebte,
benachrichtigt worden war, schickte vergebens, zu wiederholten Malen, zu dem kaiserlichen Offizier, der in
der Stadt kommandierte, und bat sich, zum Schutz des
Klosters, eine Wache aus; der Offizier, der selbst ein
Feind des Papsttums, und als solcher, wenigstens unter
der Hand, der neuen Lehre zugetan war, wußte ihr unter
dem staatsklugen Vorgeben, daß sie Geister sähe, und
für ihr Kloster auch nicht der Schatten einer Gefahr vorhanden sei, die Wache zu verweigern. Inzwischen brach
die Stunde an, da die Feierlichkeiten beginnen sollten,
und die Nonnen schickten sich, unter Angst und Beten,
und jammervoller Erwartung der Dinge, die da kommen
sollten, zur Messe an. Niemand beschützte sie, als ein
alter, siebenzigjähriger Klostervogt, der sich, mit einigen
bewaffneten Troßknechten, am Eingang der Kirche auf-
stellte. In den Nonnenklöstern führen, auf das Spiel
jeder Art der Instrumente geübt, die Nonnen, wie bekannt, ihre Musiken selber auf; oft mit einer Präzision,
einem Verstand und einer Empfindung, die man in
männlichen Orchestern (vielleicht wegen der weiblichen
Geschlechtsart dieser geheimnisvollen Kunst) vermißt.
Nun fügte es sich, zur Verdoppelung der Bedrängnis,
daß die Kapellmeisterin, Schwester Antonia, welche die
Musik auf dem Orchester zu dirigieren pflegte, wenige
Tage zuvor, an einem Nervenfieber heftig erkrankte;
dergestalt, daß abgesehen von den vier gotteslästerlichen
Brüdern, die man bereits, in Mänteln gehüllt, unter den
Pfeilern der Kirche erblickte, das Kloster auch, wegen

Aufführung eines schicklichen Musikwerks, in der lebhaftesten Verlegenheit war. Die Äbtissin, die am Abend des vorhergehenden Tages befohlen hatte, daß eine uralte von einem unbekannten Meister herrührende, italienische Messe aufgeführt werden möchte, mit welcher die Kapelle mehrmals schon, einer besondern Heiligkeit und Herrlichkeit wegen, mit welcher sie gedichtet war, die größesten Wirkungen hervorgebracht hatte, schickte, mehr als jemals auf ihren Willen beharrend, noch einmal zur Schwester Antonia herab, um zu hören, wie sich dieselbe befinde; die Nonne aber, die dies Geschäft übernahm, kam mit der Nachricht zurück, daß die Schwester in gänzlich bewußtlosem Zustande daniederliege, und daß an ihre Direktionsführung, bei der vorhabenden Musik, auf keine Weise zu denken sei. Inzwischen waren in dem Dom, in welchem sich nach und nach mehr denn hundert, mit Beilen und Brechstangen versehene Frevler, von allen Ständen und Altern, eingefunden hatten, bereits die bedenklichsten Auftritte vorgefallen; man hatte einige Troßknechte, die an den Portälen standen, auf die unanständigste Weise geneckt, und sich die frechsten und unverschämtesten Äußerungen gegen die Nonnen erlaubt, die sich hin und wieder, in frommen Geschäften, einzeln in den Hallen blicken ließen: dergestalt, daß der Klostervogt sich in die Sakristei verfügte, und die Äbtissin auf Knieen beschwor, das Fest einzustellen und sich in die Stadt, unter den Schutz des Kommandanten zu begeben. Aber die Äbtissin bestand unerschütterlich darauf, daß das zur Ehre des höchsten Gottes angeordnete Fest begangen werden müsse; sie erinnerte den Klostervogt an seine Pflicht, die Messe und den feierlichen Umgang, der in dem Dom gehalten werden würde, mit Leib und Leben zu beschirmen; und befahl, weil eben die Glocke schlug, den Nonnen, die sie, unter Zittern und Beben umringten, ein Oratorium, gleichviel welches und von welchem Wert es sei, zu nehmen, und mit dessen Aufführung sofort den Anfang zu machen.

Eben schickten sich die Nonnen auf dem Altan der Orgel dazu an; die Partitur eines Musikwerks, das man schon häufig gegeben hatte, ward verteilt, Geigen, Hoboen und Bässe geprüft und gestimmt: als Schwester Antonia plötzlich, frisch und gesund, ein wenig bleich im Gesicht, von der Treppe her erschien; sie trug die Partitur der uralten, italienischen Messe, auf deren Aufführung die Äbtissin so dringend bestanden hatte, unter dem Arm. Auf die erstaunte Frage der Nonnen: »wo sie herkomme? und wie sie sich plötzlich so erholt habe?« antwortete sie: gleichviel, Freundinnen, gleichviel! verteilte die Partitur, die sie bei sich trug, und setzte sich selbst, von Begeisterung glühend, an die Orgel, um die Direktion des vortrefflichen Musikstücks zu übernehmen. Demnach kam es, wie ein wunderbarer, himmlischer Trost, in die Herzen der frommen Frauen; sie stellten sich augenblicklich mit ihren Instrumenten an die Pulte; die Beklemmung selbst, in der sie sich befanden, kam hinzu, um ihre Seelen, wie auf Schwingen, durch alle Himmel des Wohlklangs zu führen; das Oratorium ward mit der höchsten und herrlichsten musikalischen Pracht ausgeführt; es regte sich, während der ganzen Darstellung, kein Odem in den Hallen und Bänken; besonders bei dem salve regina und noch mehr bei dem gloria in excelsis, war es, als ob die ganze Bevölkerung der Kirche tot sei: dergestalt, daß den vier gottverdammten Brüdern und ihrem Anhang zum Trotz, auch der Staub auf dem Estrich nicht verweht ward, und das Kloster noch bis an den Schluß des dreißigjährigen Krieges bestanden hat, wo man es, vermöge eines Artikels im westfälischen Frieden, gleichwohl säkularisierte.

Sechs Jahre darauf, da diese Begebenheit längst vergessen war, kam die Mutter dieser vier Jünglinge aus dem Haag an, und stellte, unter dem betrübten Vorgeben, daß dieselben gänzlich verschollen wären, bei dem Magistrat zu Aachen, wegen der Straße, die sie von hier aus genommen haben mochten, gerichtliche Untersuchungen an. Die letzten Nachrichten, die man von ihnen in den Niederlanden, wo sie eigentlich zu Hause gehörten, gehabt hatte, waren, wie sie meldete, ein vor dem angegebenen Zeitraum, am Vorabend eines Fronleichnamsfestes, geschriebener Brief des Prädikanten, an seinen Freund, einen Schullehrer in Antwerpen, worin er demselben, mit vieler Heiterkeit oder vielmehr Ausgelassenheit, von einer gegen das Kloster der heiligen Cäcilie entworfenen Unternehmung, über welche sich die Mutter jedoch nicht näher auslassen wollte, auf vier dichtgedrängten Seiten vorläufige Anzeige machte. Nach mancherlei vergeblichen Bemühungen, die Personen, welche diese bekümmerte Frau suchte, auszumitteln, erinnerte man sich endlich, daß sich schon seit einer Reihe von Jahren, welche ohngefähr auf die Angabe paßte, vier junge Leute, deren Vaterland und Herkunft unbekannt sei, in dem durch des Kaisers Vorsorge unlängst gestifteten Irrenhause der Stadt befanden. Da dieselben jedoch an der Ausschweifung einer religiösen Idee krank lagen, und ihre Aufführung, wie das Gericht dunkel gehört zu haben meinte, äußerst trübselig und melancholisch war; so paßte dies zu wenig auf den, der Mutter nur leider zu wohl bekannten Gemütsstand ihrer Söhne, als daß sie auf diese Anzeige, besonders da es fast herauskam, als ob die Leute katholisch wären, viel hätte geben sollen. Gleichwohl, durch mancherlei Kennzeichen, womit man sie beschrieb, seltsam getroffen, begab sie sich eines Tages, in Begleitung eines Gerichtsboten, in das Irrenhaus, und bat die Vorsteher um die Gefälligkeit, ihr zu den vier unglücklichen, sinnverwirrten Männern, die man daselbst aufbewahre, einen prüfenden Zutritt zu gestatten.

Aber wer beschreibt das Entsetzen der armen Frau, als sie gleich auf den ersten Blick, so wie sie in die Tür trat, ihre Söhne erkannte: sie saßen, in langen, schwarzen Talaren, um einen Tisch, auf welchem ein Kruzifix stand, und schienen, mit gefalteten Händen schweigend auf die Platte gestützt, dasselbe anzubeten. Auf die Frage der Frau, die ihrer Kräfte beraubt, auf einen Stuhl niedergesunken war: was sie daselbst machten? antworteten ihr die Vorsteher: »daß sie bloß in der Verherrlichung des Heilands begriffen wären, von dem sie, nach ihrem Vorgeben, besser als andre, einzusehen glaubten, daß er der wahrhaftige Sohn des alleinigen Gottes sei.« Sie setzten hinzu: »daß die Jünglinge, seit nun schon sechs Jahren, dies geisterartige Leben führten; daß sie wenig schliefen und wenig genössen; daß kein Laut über ihre Lippen käme; daß sie sich bloß in der Stunde der Mitternacht einmal von ihren Sitzen erhöben; und daß sie alsdann, mit einer Stimme, welche die Fenster des Hauses bersten machte, das gloria in excelsis intonierten.« Die Vorsteher schlossen mit der Versicherung: daß die jungen Männer dabei körperlich vollkommen gesund wären; daß man ihnen sogar eine gewisse, obschon sehr ernste und feierliche, Heiterkeit nicht absprechen könnte; daß sie, wenn man sie für verrückt erklärte, mitleidig die Achseln zuckten, und daß sie schon mehr als einmal geäußert hätten: »wenn die gute Stadt Aachen wüßte, was sie, so würde dieselbe ihre Geschäfte bei Seite legen, und sich gleichfalls, zur Absingung des gloria, um das Kruzifix des Herrn niederlassen.«

Die Frau, die den schauderhaften Anblick dieser Unglücklichen nicht ertragen konnte und sich bald darauf, auf wankenden Knieen, wieder hatte zu Hause führen lassen, begab sich, um über die Veranlassung dieser ungeheuren Begebenheit Auskunft zu erhalten, am Morgen des folgenden Tages, zu Herrn Veit Gotthelf, berühm-

ten Tuchhändler der Stadt; denn dieses Mannes erwähnte
der von dem Prädikanten geschriebene Brief, und es ging
daraus hervor, daß derselbe an dem Projekt, das Kloster
der heiligen Cäcilie am Tage des Fronleichnamsfestes zu
zerstören, eifrigen Anteil genommen habe. Veit Gotthelf,
der Tuchhändler, der sich inzwischen verheiratet, mehrere Kinder gezeugt, und die beträchtliche Handlung seines Vaters übernommen hatte, empfing die Fremde sehr
liebreich: und da er erfuhr, welch ein Anliegen sie zu
ihm führe, so verriegelte er die Tür, und ließ sich, nachdem er sie auf einen Stuhl niedergenötigt hatte, folgen-
dermaßen vernehmen: »Meine liebe Frau! Wenn Ihr
mich, der mit Euren Söhnen vor sechs Jahren in genauer
Verbindung gestanden, in keine Untersuchung deshalb
verwickeln wollt, so will ich Euch offenherzig und ohne
Rückhalt gestehen: ja, wir haben den Vorsatz gehabt,
dessen der Brief erwähnt! Wodurch diese Tat, zu deren
Ausführung alles, auf das Genaueste, mit wahrhaft gott-
losem Scharfsinn, angeordnet war, gescheitert ist, ist mir
unbegreiflich; der Himmel selbst scheint das Kloster der
frommen Frauen in seinen heiligen Schutz genommen zu
haben. Denn wißt, daß sich Eure Söhne bereits, zur Einleitung entscheidenderer Auftritte, mehrere mutwillige,
den Gottesdienst störende Possen erlaubt hatten: mehr
denn dreihundert, mit Beilen und Pechkränzen versehene
Bösewichter, aus den Mauern unserer damals irregeleite-
ten Stadt, erwarteten nichts als das Zeichen, das der Prädikant geben sollte, um den Dom der Erde gleich zu
machen. Dagegen, bei Anhebung der Musik, nehmen
Eure Söhne plötzlich, in gleichzeitiger Bewegung, und
auf eine uns auffallende Weise, die Hüte ab; sie legen,
nach und nach, wie in tiefer unaussprechlicher Rührung,
die Hände vor ihr herabgebeugtes Gesicht, und der Prädikant, indem er sich, nach einer erschütternden Pause,
plötzlich umwendet, ruft uns allen mit lauter fürchter-

licher Stimme zu: gleichfalls unsere Häupter zu entblö-
ßen! Vergebens fordern ihn einige Genossen flüsternd,
indem sie ihn mit ihren Armen leichtfertig anstoßen, auf,
das zur Bilderstürmerei verabredete Zeichen zu geben:
der Prädikant, statt zu antworten, läßt sich, mit kreuz-
weis auf die Brust gelegten Händen, auf Knieen nieder
und murmelt, samt den Brüdern, die Stirn inbrünstig in
den Staub herab gedrückt, die ganze Reihe noch kurz
vorher von ihm verspotteter Gebete ab. Durch diesen
Anblick tief im Innersten verwirrt, steht der Haufen der
jämmerlichen Schwärmer, seiner Anführer beraubt, in
Unschlüssigkeit und Untätigkeit, bis an den Schluß des,
vom Altan wunderbar herabrauschenden Oratoriums da;
und da, auf Befehl des Kommandanten, in eben diesem
Augenblick mehrere Arretierungen verfügt, und einige
Frevler, die sich Unordnungen erlaubt hatten, von einer
Wache aufgegriffen und abgeführt wurden, so bleibt der
elenden Schar nichts übrig, als sich schleunigst, unter dem
Schutz der gedrängt aufbrechenden Volksmenge, aus dem
Gotteshause zu entfernen. Am Abend, da ich in dem
Gasthofe vergebens mehrere Mal nach Euren Söhnen,
welche nicht wiedergekehrt waren, gefragt hatte, gehe
ich, in der entsetzlichsten Unruhe, mit einigen Freunden
wieder nach dem Kloster hinaus, um mich bei den Tür-
stehern, welche der kaiserlichen Wache hülfreich an die
Hand gegangen waren, nach ihnen zu erkundigen. Aber
wie schildere ich Euch mein Entsetzen, edle Frau, da ich
diese vier Männer nach wie vor, mit gefalteten Händen,
den Boden mit Brust und Scheiteln küssend, als ob sie zu
Stein erstarrt wären, heißer Inbrunst voll vor dem Altar
der Kirche daniedergestreckt liegen sehe! Umsonst forderte sie der Klostervogt, der in eben diesem Augenblick
herbeikommt, indem er sie am Mantel zupft und an den
Armen rüttelt, auf, den Dom, in welchem es schon ganz
finster werde, und kein Mensch mehr gegenwärtig sei, zu

verlassen: sie hören, auf träumerische Weise halb auf-
stehend, nicht eher auf ihn, als bis er sie durch seine
Knechte unter den Arm nehmen, und vor das Portal hinaus führen läßt: wo sie uns endlich, obschon unter Seuf-
zern und häufigem herzzerreißenden Umsehen nach der
Kathedrale, die hinter uns im Glanz der Sonne prächtig
funkelte, nach der Stadt folgen. Die Freunde und ich,
wir fragen sie, zu wiederholten Malen, zärtlich und liebreich auf dem Rückwege, was ihnen in aller Welt Schreck-
liches, fähig, ihr innerstes Gemüt dergestalt umzukehren,
zugestoßen sei; sie drücken uns, indem sie uns freundlich
ansehen, die Hände, schauen gedankenvoll auf den Boden nieder und wischen sich – ach! von Zeit zu Zeit, mit
einem Ausdruck, der mir noch jetzt das Herz spaltet, die
Tränen aus den Augen. Drauf, in ihre Wohnungen an-
gekommen, binden sie sich ein Kreuz, sinnreich und zier-
lich von Birkenreisern zusammen, und setzen es, einem
kleinen Hügel von Wachs eingedrückt, zwischen zwei
Lichtern, womit die Magd erscheint, auf dem großen
Tisch in des Zimmers Mitte nieder, und während die
Freunde, deren Schar sich von Stunde zu Stunde ver-
größert, händeringend zur Seite stehen, und in zerstreu-
ten Gruppen, sprachlos vor Jammer, ihrem stillen, ge-
spensterartigen Treiben zusehen: lassen sie sich, gleich als
ob ihre Sinne vor jeder andern Erscheinung verschlossen
wären, um den Tisch nieder, und schicken sich still, mit
gefalteten Händen, zur Anbetung an. Weder des Essens
begehren sie, das ihnen, zur Bewirtung der Genossen,
ihrem am Morgen gegebenen Befehl gemäß, die Magd
bringt, noch späterhin, da die Nacht sinkt, des Lagers,
das sie ihnen, weil sie müde scheinen, im Nebengemach
aufgestapelt hat; die Freunde, um die Entrüstung des
Wirts, den diese Aufführung befremdet, nicht zu reizen,
müssen sich an einen, zur Seite üppig gedeckten Tisch

niederlassen, und die, für eine zahlreiche Gesellschaft zu-
bereiteten Speisen, mit dem Salz ihrer bitterlichen Tränen gebeizt, einnehmen. Jetzt plötzlich schlägt die Stunde
der Mitternacht; Eure vier Söhne, nachdem sie einen
Augenblick gegen den dumpfen Klang der Glocke auf-
gehorcht, heben sich plötzlich in gleichzeitiger Bewegung,
von ihren Sitzen empor; und während wir, mit nieder-
gelegten Tischtüchern, zu ihnen hinüberschauen, ängst-
licher Erwartung voll, was auf so seltsames und befrem-
dendes Beginnen erfolgen werde: fangen sie, mit einer
entsetzlichen und gräßlichen Stimme, das gloria in excelsis
zu intonieren an. So mögen sich Leoparden und Wölfe
anhören lassen, wenn sie zur eisigen Winterzeit, das Firmament anbrüllen: die Pfeiler des Hauses, versichere ich
Euch, erschütterten, und die Fenster, von ihrer Lungen
sichtbarem Atem getroffen, drohten klirrend, als ob man
Hände voll schweren Sandes gegen ihre Flächen würfe,
zusammen zu brechen. Bei diesem grausenhaften Auftritt
stürzen wir besinnungslos, mit sträubenden Haaren auseinander; wir zerstreuen uns, Mäntel und Hüte zurück-
lassend, durch die umliegenden Straßen, welche in kurzer
Zeit, statt unsrer, von mehr denn hundert, aus dem
Schlaf geschreckter Menschen, angefüllt waren; das Volk
drängt sich, die Haustüre sprengend, über die Stiege dem
Saale zu, um die Quelle dieses schauderhaften und em-
pörenden Gebrülls, das, wie von den Lippen ewig ver-
dammter Sünder, aus dem tiefsten Grund der flammen-
vollen Hölle, jammervoll um Erbarmung zu Gottes
Ohren heraufdrang, aufzusuchen. Endlich, mit dem
Schlage der Glocke Eins, ohne auf das Zürnen des Wirts,
noch auf die erschütterten Ausrufungen des sie umrin-
genden Volks gehört zu haben, schließen sie den Mund;
sie wischen sich mit einem Tuch den Schweiß von der
Stirn, der ihnen, in großen Tropfen, auf Kinn und Brust

niederträuft; und breiten ihre Mäntel aus, und legen sich,
um eine Stunde von so qualvollen Geschäften auszuruhen, auf das Getäfel des Bodens nieder. Der Wirt, der
sie gewähren läßt, schlägt, sobald er sie schlummern
sieht, ein Kreuz über sie; und froh, des Elends für den
Augenblick erledigt zu sein, bewegt er, unter der Versicherung, der Morgen werde eine heilsame Veränderung
herbeiführen, den Männerhaufen, der gegenwärtig ist,
und der geheimnisvoll mit einander murmelt, das Zimmer zu verlassen. Aber leider! schon mit dem ersten
Schrei des Hahns, stehen die Unglücklichen wieder auf,
um dem auf dem Tisch befindlichen Kreuz gegenüber,
dasselbe öde, gespensterartige Klosterleben, das nur Er-
schöpfung sie auf einen Augenblick auszusetzen zwang,
wieder anzufangen. Sie nehmen von dem Wirt, dessen
Herz ihr jammervoller Anblick schmelzt, keine Ermah-
nung, keine Hülfe an; sie bitten ihn, die Freunde liebreich abzuweisen, die sich sonst regelmäßig am Morgen
jedes Tages bei ihnen zu versammeln pflegten; sie begehren nichts von ihm, als Wasser und Brot, und eine Streu,
wenn es sein kann, für die Nacht: dergestalt, daß dieser
Mann, der sonst viel Geld von ihrer Heiterkeit zog, sich
genötigt sah, den ganzen Vorfall den Gerichten anzuzei-
gen und sie zu bitten, ihm diese vier Menschen, in welchen ohne Zweifel der böse Geist walten müsse, aus dem
Hause zu schaffen. Worauf sie, auf Befehl des Magistrats, in ärztliche Untersuchung genommen, und, da
man sie verrückt befand, wie Ihr wißt, in die Gemächer
des Irrenhauses untergebracht wurden, das die Milde des
letzt verstorbenen Kaisers, zum Besten der Unglücklichen dieser Art, innerhalb der Mauern unserer Stadt
gegründet hat.« Dies und noch Mehreres sagte Veit Gotthelf, der Tuchhändler, das wir hier, weil wir zur Einsicht
in den inneren Zusammenhang der Sache genug gesagt
zu haben meinen, unterdrücken; und forderte die Frau

nochmals auf, ihn auf keine Weise, falls es zu gericht-
lichen Nachforschungen über diese Begebenheit kommen
sollte, darin zu verstricken.

Drei Tage darauf, da die Frau, durch diesen Bericht
tief im Innersten erschüttert, am Arm einer Freundin
nach dem Kloster hinausgegangen war, in der wehmüti-
gen Absicht, auf einem Spaziergang, weil eben das Wet-
ter schön war, den entsetzlichen Schauplatz in Augen-
schein zu nehmen, auf welchem Gott ihre Söhne wie
durch unsichtbare Blitze zu Grunde gerichtet hatte: fanden die Weiber den Dom, weil eben gebaut wurde, am
Eingang durch Planken versperrt, und konnten, wenn sie
sich mühsam erhoben, durch die Öffnungen der Bretter
hindurch von dem Inneren nichts, als die prächtig fun-
kelnde Rose im Hintergrund der Kirche wahrnehmen.
Viele hundert Arbeiter, welche fröhliche Lieder sangen,
waren auf schlanken, vielfach verschlungenen Gerüsten
beschäftigt, die Türme noch um ein gutes Dritteil zu er-
höhen, und die Dächer und Zinnen derselben, welche bis
jetzt nur mit Schiefer bedeckt gewesen waren, mit star-
kem, hellen, im Strahl der Sonne glänzigen Kupfer zu
belegen. Dabei stand ein Gewitter, dunkelschwarz, mit
vergoldeten Rändern, im Hintergrunde des Baus; dasselbe hatte schon über die Gegend von Aachen ausge-
donnert, und nachdem es noch einige kraftlose Blitze,
gegen die Richtung, wo der Dom stand, geschleudert
hatte, sank es, zu Dünsten aufgelöst, mißvergnügt mur-
melnd in Osten herab. Es traf sich, daß da die Frauen
von der Treppe des weitläufigen klösterlichen Wohn-
gebäudes herab, in mancherlei Gedanken vertieft, dies
doppelte Schauspiel betrachteten, eine Klosterschwester,
welche vorüberging, zufällig erfuhr, wer die unter dem
Portal stehende Frau sei; dergestalt, daß die Äbtissin, die
von einem, den Fronleichnamstag betreffenden Brief,
den dieselbe bei sich trug, gehört hatte, unmittelbar dar-

auf die Schwester zu ihr herabschickte, und die nieder-
ländische Frau ersuchen ließ, zu ihr herauf zu kommen.
Die Niederländerin, obschon einen Augenblick dadurch
betroffen, schickte sich nichts desto weniger ehrfuchts-
voll an, dem Befehl, den man ihr angekündigt hatte, zu
gehorchen; und während die Freundin, auf die Einladung der Nonne, in ein dicht an dem Eingang befind-
liches Nebenzimmer abtrat, öffnete man der Fremden,
welche die Treppe hinaufsteigen mußte, die Flügeltüren
des schön gebildeten Söllers selbst. Daselbst fand sie die
Äbtissin, welches eine edle Frau, von stillem königlichen
Ansehn war, auf einem Sessel sitzen, den Fuß auf einem
Schemel gestützt, der auf Drachenklauen ruhte; ihr zur
Seite, auf einem Pulte, lag die Partitur einer Musik. Die
Äbtissin, nachdem sie befohlen hatte, der Fremden einen
Stuhl hinzusetzen, entdeckte ihr, daß sie bereits durch
den Bürgermeister von ihrer Ankunft in der Stadt gehört; und nachdem sie sich, auf menschenfreundliche
Weise, nach dem Befinden ihrer unglücklichen Söhne er-
kundigt, auch sie ermuntert hatte, sich über das Schicksal,
das dieselben betroffen, weil es einmal nicht zu ändern
sei, möglichst zu fassen: eröffnete sie ihr den Wunsch,
den Brief zu sehen, den der Prädikant an seinen Freund,
den Schullehrer in Antwerpen geschrieben hatte. Die
Frau, welche Erfahrung genug besaß, einzusehen, von
welchen Folgen dieser Schritt sein konnte, fühlte sich dadurch auf einen Augenblick in Verlegenheit gestürzt; da
jedoch das ehrwürdige Antlitz der Dame unbedingtes
Vertrauen erforderte, und auf keine Weise schicklich
war, zu glauben, daß ihre Absicht sein könne, von dem
Inhalt desselben einen öffentlichen Gebrauch zu machen;
so nahm sie, nach einer kurzen Besinnung, den Brief aus
ihrem Busen, und reichte ihn, unter einem heißen Kuß
auf ihre Hand, der fürstlichen Dame dar. Die Frau,
während die Äbtissin den Brief überlas, warf nunmehr

einen Blick auf die nachlässig über dem Pult aufgeschlagene Partitur; und da sie, durch den Bericht des Tuchhändlers, auf den Gedanken gekommen war, es könne wohl die Gewalt der Töne gewesen sein, die, an jenem schauerlichen Tage, das Gemüt ihrer armen Söhne zerstört und verwirrt habe: so fragte sie die Klosterschwester, die hinter ihrem Stuhle stand, indem sie sich zu ihr umkehrte, schüchtern: »ob dies das Musikwerk wäre, das vor sechs Jahren, am Morgen jenes merkwürdigen Fronleichnamsfestes, in der Kathedrale aufgeführt worden sei?« Auf die Antwort der jungen Klosterschwester: ja! sie erinnere sich davon gehört zu haben, und es pflege seitdem, wenn man es nicht brauche, im Zimmer der hochwürdigsten Frau zu liegen: stand, lebhaft erschüttert, die Frau auf, und stellte sich, von mancherlei Gedanken durchkreuzt, vor den Pult. Sie betrachtete die unbekannten zauberischen Zeichen, womit sich ein fürchterlicher Geist geheimnisvoll den Kreis abzustecken schien, und meinte, in die Erde zu sinken, da sie grade das gloria in excelsis aufgeschlagen fand. Es war ihr, als ob das ganze Schrecken der Tonkunst, das ihre Söhne verderbt hatte, über ihrem Haupte rauschend daherzöge; sie glaubte, bei dem bloßen Anblick ihre Sinne zu verlieren, und nachdem sie schnell, mit einer unendlichen Regung von Demut und Unterwerfung unter die göttliche Allmacht, das Blatt an ihre Lippen gedrückt hatte, setzte sie sich wieder auf ihren Stuhl zurück. Inzwischen hatte die Äbtissin den Brief ausgelesen und sagte, indem sie ihn zusammen faltete: »Gott selbst hat das Kloster, an jenem wunderbaren Tage, gegen den Übermut Eurer verirrten Söhne schwer beschirmt. Welcher Mittel er sich dabei bedient, kann Euch, die Ihr eine Protestantin seid, gleichgültig sein: Ihr würdet auch das, was ich Euch darüber sagen könnte, schwerlich begreifen. Denn vernehmt, daß schlechterdings niemand weiß, wer eigentlich das Werk, das Ihr dort aufgeschlagen findet, im Drang der schreckenvollen Stunde, da die Bilderstürmerei über uns hereinbrechen sollte, ruhig auf dem Sitz der Orgel dirigiert habe. Durch ein Zeugnis, das am Morgen des folgenden Tages, in Gegenwart des Klostervogts und mehrerer anderen Männer aufgenommen und im Archiv niedergelegt ward, ist erwiesen, daß Schwester Antonia, die einzige, die das Werk dirigieren konnte, während des ganzen Zeitraums seiner Aufführung, krank, bewußtlos, ihrer Glieder schlechthin unmächtig, im Winkel ihrer Klosterzelle darniedergelegen habe; eine Klosterschwester, die ihr als leibliche Verwandte zur Pflege ihres Körpers beigeordnet war, ist während des ganzen Vormittags, da das Fronleichnamsfest in der Kathedrale gefeiert worden, nicht von ihrem Bette gewichen. Ja, Schwester Antonia würde ohnfehlbar selbst den Umstand, daß sie es nicht gewesen sei, die, auf so seltsame und befremdende Weise, auf dem Altan der Orgel erschien, bestätigt und bewahrheitet haben: wenn ihr gänzlich sinnberaubter Zustand erlaubt hätte, sie darum zu befragen, und die Kranke nicht noch am Abend desselben Tages, an dem Nervenfieber, an dem sie danieder lag, und welches früherhin gar nicht lebensgefährlich schien, verschieden wäre. Auch hat der Erzbischof von Trier, an den dieser Vorfall berichtet ward, bereits das Wort ausgesprochen, das ihn allein erklärt, nämlich ›daß die heilige Cäcilie selbst dieses zu gleicher Zeit schreckliche und herrliche Wunder vollbracht habe‹; und von dem Papst habe ich soeben ein Breve erhalten, wodurch er dies bestätigt.« Und damit gab sie der Frau den Brief, den sie sich bloß von ihr erbeten hatte, um über das, was sie schon wußte, nähere Auskunft zu erhalten, unter dem Versprechen, daß sie davon keinen Gebrauch machen würde, zurück; und nachdem sie dieselbe noch gefragt hatte, ob zur Wiederherstellung ihrer Söhne Hoffnung

sei, und ob sie ihr vielleicht mit irgend etwas, Geld oder
eine andere Unterstützung, zu diesem Zweck dienen
könne, welches die Frau, indem sie ihr den Rock küßte,
weinend verneinte: grüßte sie dieselbe freundlich mit der
Hand und entließ sie.

Hier endigt diese Legende. Die Frau, deren Anwesen-
heit in Aachen gänzlich nutzlos war, ging mit Zurücklas-
sung eines kleinen Kapitals, das sie zum Besten ihrer
armen Söhne bei den Gerichten niederlegte, nach dem
Haag zurück, wo sie ein Jahr darauf, durch diesen Vorfall tief bewegt, in den Schoß der katholischen Kirche
zurückkehrte: die Söhne aber starben, im späten Alter,
eines heitern und vergnügten Todes, nachdem sie noch
einmal, ihrer Gewohnheit gemäß, das gloria in excelsis
abgesungen hatten.

ANEKDOTEN

Der verlegene Magistrat

Ein H . . . r Stadtsoldat hatte vor nicht gar langer Zeit, ohne Erlaubnis seines Offiziers, die Stadtwache verlassen. Nach einem uralten Gesetz steht auf ein Verbrechen dieser Art, das sonst der Streifereien des Adels wegen, von großer Wichtigkeit war, eigentlich der Tod. Gleichwohl, ohne das Gesetz, mit bestimmten Worten aufzuheben, ist davon seit vielen hundert Jahren kein Gebrauch mehr gemacht worden: dergestalt, daß statt auf die Todesstrafe zu erkennen, derjenige, der sich dessen schuldig macht, nach einem feststehenden Gebrauch, zu einer bloßen Geldstrafe, die er an die Stadtkasse zu erlegen hat, verurteilt wird. Der besagte Kerl aber, der keine Lust haben mochte, das Geld zu entrichten, erklärte, zur großen Bestürzung des Magistrats: daß er, weil es ihm einmal zukomme, dem Gesetz gemäß, sterben wolle. Der Magistrat, der ein Mißverständnis vermutete, schickte einen Deputierten an den Kerl ab, und ließ ihm bedeuten, um wieviel vorteilhafter es für ihn wäre, einige Gulden Geld zu erlegen, als arkebusiert zu werden. Doch der Kerl blieb dabei, daß er seines Lebens müde sei, und daß er sterben wolle: dergestalt, daß dem Magistrat, der kein Blut vergießen wollte, nichts übrig blieb, als dem Schelm die Geldstrafe zu erlassen, und noch froh war, als er erklärte, daß er, bei so bewandten Umständen am Leben bleiben wolle.   rz.

Anekdote aus dem letzten preußischen Kriege

In einem bei Jena liegenden Dorf, erzählte mir, auf einer Reise nach Frankfurt, der Gastwirt, daß sich mehrere Stunden nach der Schlacht, um die Zeit, da das Dorf schon ganz von der Armee des Prinzen von Hohenlohe verlassen und von Franzosen, die es für besetzt gehalten, umringt gewesen wäre, ein einzelner preußischer Reiter darin gezeigt hätte; und versicherte mir, daß wenn alle Soldaten, die an diesem Tage mitgefochten, so tapfer gewesen wären, wie dieser, die Franzosen hätten geschlagen werden müssen, wären sie auch noch dreimal stärker gewesen, als sie in der Tat waren. Dieser Kerl, sprach der Wirt, sprengte, ganz von Staub bedeckt, vor meinen Gasthof, und rief: »Herr Wirt!« und da ich frage: was gibts? »ein Glas Branntewein!« antwortet er, indem er sein Schwert in die Scheide wirft: »mich dürstet.« Gott im Himmel! sag ich: will er machen, Freund, daß er wegkömmt? Die Franzosen sind ja dicht vor dem Dorf! »Ei, was!« spricht er, indem er dem Pferde den Zügel über den Hals legt. »Ich habe den ganzen Tag nichts genossen!« Nun er ist, glaub ich, vom Satan besessen –! He! Liese! rief ich, und schaff ihm eine Flasche Danziger herbei, und sage: da! und will ihm die ganze Flasche in die Hand drücken, damit er nur reite. »Ach, was!« spricht er, indem er die Flasche wegstößt, und sich den Hut abnimmt: »wo soll ich mit dem Quark hin?« Und: »schenk er ein!« spricht er, indem er sich den Schweiß von der Stirn abtrocknet: »denn ich habe keine Zeit!« Nun er ist ein Kind des Todes, sag ich. Da! sag ich, und schenk ihm ein; da! trink er und reit er! Wohl mags ihm bekommen: »Noch eins!« spricht der Kerl; während die Schüsse schon von allen Seiten ins Dorf prasseln. Ich sage: noch eins? Plagt ihn –! »Noch eins!« spricht er, und streckt mir das Glas hin – »Und gut gemessen«, spricht er, indem er

sich den Bart wischt, und sich vom Pferde herab schneuzt:
»denn es wird bar bezahlt!« Ei, mein Seel, so wollt ich
doch, daß ihn –! Da! sag ich, und schenk ihm noch, wie
er verlangt, ein zweites, und schenk ihm, da er getrun-
ken, noch ein drittes ein, und frage: ist er nun zufrieden?
»Ach!« – schüttelt sich der Kerl. »Der Schnaps ist gut! –
Na!« spricht er, und setzt sich den Hut auf: »was bin ich
schuldig?« Nichts! nichts! versetz ich. Pack er sich, ins
Teufelsnamen; die Franzosen ziehen augenblicklich ins
Dorf! »Na!« sagt er, indem er in seinen Stiefel greift:
»so solls ihm Gott lohnen«, und holt, aus dem Stiefel,
einen Pfeifenstummel hervor, und spricht, nachdem er
den Kopf ausgeblasen: »schaff er mir Feuer!« Feuer?
sag ich: plagt ihn –? »Feuer, ja!« spricht er: »denn ich
will mir eine Pfeife Tabak anmachen.« Ei, den Kerl reiten Legionen –! He, Liese, ruf ich das Mädchen! und
während der Kerl sich die Pfeife stopft, schafft das
Mensch ihm Feuer. »Na!« sagt der Kerl, die Pfeife, die
er sich angeschmaucht, im Maul: »nun sollen doch die
Franzosen die Schwerenot kriegen!« Und damit, indem
er sich den Hut in die Augen drückt, und zum Zügel
greift, wendet er das Pferd und zieht von Leder. Ein
Mordkerl! sag ich; ein verfluchter, verwetterter Galgen-
strick! Will er sich ins Henkers Namen scheren, wo er
hingehört? Drei Chasseurs – sieht er nicht? halten ja
schon vor dem Tor? »Ei was!« spricht er, indem er aus-
spuckt; und faßt die drei Kerls blitzend ins Auge. »Wenn
ihrer zehen wären, ich fürcht mich nicht.« Und in dem
Augenblick reiten auch die drei Franzosen schon ins Dorf.
»Bassa Manelka!« ruft der Kerl, und gibt seinem Pferde
die Sporen und sprengt auf sie ein; sprengt, so wahr Gott
lebt, auf sie ein, und greift sie, als ob er das ganze
Hohenlohische Korps hinter sich hätte, an; dergestalt,
daß, da die Chasseurs, ungewiß, ob nicht noch mehr
Deutsche im Dorf sein mögen, einen Augenblick, wider

ihre Gewohnheit, stutzen, er, mein Seel, ehe man noch eine Hand umkehrt, alle drei vom Sattel haut, die Pferde, die auf dem Platz herumlaufen, aufgreift, damit bei mir vorbeisprengt, und: »Bassa Teremtetem!« ruft, und: »Sieht er wohl, Herr Wirt?« und »Adies!« und »auf Wiedersehn!« und: »hoho! hoho! hoho!« – – So einen Kerl, sprach der Wirt, habe ich zeit meines Lebens nicht gesehen.

Der Branntweinsäufer und die Berliner Glocken

Ein Soldat vom ehemaligen Regiment Lichnowsky, ein heilloser und unverbesserlicher Säufer, versprach nach unendlichen Schlägen, die er deshalb bekam, daß er seine Aufführung bessern und sich des Branntweins enthalten wolle. Er hielt auch, in der Tat, Wort, während drei Tage: ward aber am vierten wieder besoffen in einem Rennstein gefunden, und, von einem Unteroffizier, in Arrest gebracht. Im Verhör befragte man ihn, warum er, seines Vorsatzes uneingedenk, sich von neuem dem Laster des Trunks ergeben habe? »Herr Hauptmann!« antwortete er; »es ist nicht meine Schuld. Ich ging in Geschäften eines Kaufmanns, mit einer Kiste Färbholz, über den Lustgarten; da läuteten vom Dom herab die Glocken: ›*Pom*meranzen! *Pom*meranzen! *Pom*meranzen!‹ Läut, Teufel, läut, sprach ich, und gedachte meines Vorsatzes und trank nichts. In der Königsstraße, wo ich die Kiste abgeben sollte, steh ich einen Augenblick, um mich auszuruhen, vor dem Rathaus still: da bimmelt es vom Turm herab: ›Kümmel! Kümmel! Kümmel! – Kümmel! Kümmel! Kümmel!‹ Ich sage, zum Turm: bimmle du, daß die Wolken reißen – und gedenke, mein Seel, gedenke meines Vorsatzes, ob ich gleich durstig war, und trinke nichts. Drauf führt mich der Teufel, auf dem

Rückweg, über den Spittelmarkt; und da ich eben vor
einer Kneipe, wo mehr denn dreißig Gäste beisammen
waren, stehe, geht es, vom Spittelturm herab: ›Anisette!
Anisette! Anisette!‹ Was kostet das Glas, frag ich? Der
Wirt spricht: Sechs Pfennige. Geb er her, sag ich – und
was weiter aus mir geworden ist, das weiß ich nicht.«

xyz.

Anekdote

Bach, als seine Frau starb, sollte zum Begräbnis Anstalten machen. Der arme Mann war aber gewohnt, alles
durch seine Frau besorgen zu lassen; dergestalt, daß da
ein alter Bedienter kam, und ihm für Trauerflor, den er
einkaufen wollte, Geld abforderte, er unter stillen Tränen, den Kopf auf einen Tisch gestützt, antwortete:
»sagts meiner Frau.« –

FABELN

Die Hunde und der Vogel

Zwei ehrliche Hühnerhunde, die, in der Schule des Hungers zu Schlauköpfen gemacht, alles griffen, was sich auf der Erde blicken ließ, stießen auf einen Vogel. Der Vogel, verlegen, weil er sich nicht in seinem Element befand, wich hüpfend bald hier, bald dorthin aus, und seine Gegner triumphierten schon; doch bald darauf, zu hitzig gedrängt, regte er die Flügel und schwang sich in die Luft: da standen sie, wie Austern, die Helden der Triften, und klemmten den Schwanz ein, und gafften ihm nach.

Witz, wenn du dich in die Luft erhebst: wie stehen die Weisen und blicken dir nach!

Die Fabel ohne Moral

Wenn ich dich nur hätte, sagte der Mensch zu einem Pferde, das mit Sattel und Gebiß vor ihm stand, und ihn nicht aufsitzen lassen wollte; wenn ich dich nur hätte, wie du zuerst, das unerzogene Kind der Natur, aus den Wäldern kamst! Ich wollte dich schon führen, leicht, wie ein Vogel, dahin, über Berg und Tal, wie es mich gut dünkte; und dir und mir sollte dabei wohl sein. Aber da haben sie dir Künste gelehrt, Künste, von welchen ich, nackt, wie ich vor dir stehe, nichts weiß; und ich müßte zu dir in die Reitbahn hinein (wovor mich doch Gott bewahre) wenn wir uns verständigen wollten.

H. v. K.

ÜBER DIE ALLMÄHLICHE VERFERTIGUNG
DER GEDANKEN BEIM REDEN

An R[ühle] v[on] L[ilienstern]

Wenn du etwas wissen willst und es durch Meditation
nicht finden kannst, so rate ich dir, mein lieber, sinn-
reicher Freund, mit dem nächsten Bekannten, der dir
aufstößt, darüber zu sprechen. Es braucht nicht eben ein
scharfdenkender Kopf zu sein, auch meine ich es nicht so,
als ob du ihn darum befragen solltest: nein! Vielmehr
sollst du es ihm selber allererst erzählen. Ich sehe dich
zwar große Augen machen, und mir antworten, man
habe dir in frühern Jahren den Rat gegeben, von nichts
zu sprechen, als nur von Dingen, die du bereits verstehst.
Damals aber sprachst du wahrscheinlich mit dem Vor-
witz, *andere*, ich will, daß du aus der verständigen Absicht sprechest, *dich* zu belehren, und so könnten, für ver-
schiedene Fälle verschieden, beide Klugheitsregeln vielleicht gut neben einander bestehen. Der Franzose sagt,
l'appétit vient en mangeant, und dieser Erfahrungssatz
bleibt wahr, wenn man ihn parodiert, und sagt, l'idée
vient en parlant. Oft sitze ich an meinem Geschäftstisch
über den Akten, und erforsche, in einer verwickelten
Streitsache, den Gesichtspunkt, aus welchem sie wohl zu
beurteilen sein möchte. Ich pflege dann gewöhnlich ins
Licht zu sehen, als in den hellsten Punkt, bei dem Be-
streben, in welchem mein innerstes Wesen begriffen ist,
sich aufzuklären. Oder ich suche, wenn mir eine alge-
braische Aufgabe vorkommt, den ersten Ansatz, die
Gleichung, die die gegebenen Verhältnisse ausdrückt, und
aus welcher sich die Auflösung nachher durch Rechnung
leicht ergibt. Und siehe da, wenn ich mit meiner Schwester davon rede, welche hinter mir sitzt, und arbeitet, so
erfahre ich, was ich durch ein vielleicht stundenlanges

Brüten nicht herausgebracht haben würde. Nicht, als ob sie es mir, im eigentlichen Sinne *sagte*; denn sie kennt weder das Gesetzbuch, noch hat sie den Euler, oder den Kästner studiert. Auch nicht, als ob sie mich durch geschickte Fragen auf den Punkt hinführte, auf welchen es ankommt, wenn schon dies letzte häufig der Fall sein mag. Aber weil ich doch irgend eine dunkle Vorstellung habe, die mit dem, was ich suche, von fern her in einiger Verbindung steht, so prägt, wenn ich nur dreist damit den Anfang mache, das Gemüt, während die Rede fortschreitet, in der Notwendigkeit, dem Anfang nun auch ein Ende zu finden, jene verworrene Vorstellung zur völligen Deutlichkeit aus, dergestalt, daß die Erkenntnis, zu meinem Erstaunen, mit der Periode fertig ist. Ich mische unartikulierte Töne ein, ziehe die Verbindungswörter in die Länge, gebrauche auch wohl eine Apposition, wo sie nicht nötig wäre, und bediene mich anderer, die Rede ausdehnender, Kunstgriffe, zur Fabrikation meiner Idee auf der Werkstätte der Vernunft, die gehörige Zeit zu gewinnen. Dabei ist mir nichts heilsamer, als eine Bewegung meiner Schwester, als ob sie mich unterbrechen wollte; denn mein ohnehin schon angestrengtes Gemüt wird durch diesen Versuch von außen, ihm die Rede, in deren Besitz es sich befindet, zu entreißen, nur noch mehr erregt, und in seiner Fähigkeit, wie ein großer General, wenn die Umstände drängen, noch um einen Grad höher gespannt. In diesem Sinne begreife ich, von welchem Nutzen Molière seine Magd sein konnte; denn wenn er derselben, wie er vorgibt, ein Urteil zutraute, das das seinige berichten konnte, so ist dies eine Bescheidenheit, an deren Dasein in seiner Brust ich nicht glaube. Es liegt ein sonderbarer Quell der Begeisterung für denjenigen, der spricht, in einem menschlichen Antlitz, das ihm gegenübersteht; und ein Blick, der uns einen halbausgedrückten Gedanken schon als be-

griffen ankündigt, schenkt uns oft den Ausdruck für die
ganze andere Hälfte desselben. Ich glaube, daß mancher
große Redner, in dem Augenblick, da er den Mund auf-
machte, noch nicht wußte, was er sagen würde. Aber die
Überzeugung, daß er die ihm nötige Gedankenfülle
schon aus den Umständen, und der daraus resultierenden
Erregung seines Gemüts schöpfen würde, machte ihn
dreist genug, den Anfang, auf gutes Glück hin, zu setzen.
Mir fällt jener »Donnerkeil« des Mirabeau ein, mit welchem er den Zeremonienmeister abfertigte, der nach Auf-
hebung der letzten monarchischen Sitzung des Königs am
23. Juni, in welcher dieser den Ständen auseinander zu
gehen anbefohlen hatte, in den Sitzungssaal, in welchem
die Stände noch verweilten, zurückkehrte, und sie befragte, ob sie den Befehl des Königs vernommen hätten?
»Ja«, antwortete Mirabeau, »wir haben des Königs Befehl vernommen« – ich bin gewiß, daß er bei diesem
humanen Anfang, noch nicht an die Bajonette dachte, mit
welchen er schloß: »ja, mein Herr«, wiederholte er, »wir
haben ihn vernommen« – man sieht, daß er noch gar
nicht recht weiß, was er will. »Doch was berechtigt Sie«
– fuhr er fort, und nun plötzlich geht ihm ein Quell un-
geheurer Vorstellungen auf – »uns hier Befehle anzudeuten? Wir sind die Repräsentanten der Nation.« – Das
war es was er brauchte! »Die Nation gibt Befehle und
empfängt keine.« – um sich gleich auf den Gipfel der
Vermessenheit zu schwingen. »Und damit ich mich Ihnen
ganz deutlich erkläre« – und erst jetzo findet er, was
den ganzen Widerstand, zu welchem seine Seele gerüstet
dasteht, ausdrückt: »so sagen Sie Ihrem Könige, daß wir
unsre Plätze anders nicht, als auf die Gewalt der Bajonette verlassen werden.« – Worauf er sich, selbstzufrie-
den, auf einen Stuhl niedersetzte. – Wenn man an den
Zeremonienmeister denkt, so kann man sich ihn bei diesem Auftritt nicht anders, als in einem völligen Geistes-

bankerott vorstellen; nach einem ähnlichen Gesetz, nach welchem in einem Körper, der von dem elektrischen Zustand Null ist, wenn er in eines elektrisierten Körpers Atmosphäre kommt, plötzlich die entgegengesetzte Elektrizität erweckt wird. Und wie in dem elektrisierten Körper, dadurch, nach einer Wechselwirkung, der ihm inwohnende Elektrizitätsgrad wieder verstärkt wird, so ging unseres Redners Mut, bei der Vernichtung seines Gegners zur verwegensten Begeisterung über. Vielleicht, daß es auf diese Art zuletzt das Zucken einer Oberlippe war, oder ein zweideutiges Spiel an der Manschette, was in Frankreich den Umsturz der Ordnung der Dinge bewirkte. Man liest, daß Mirabeau, sobald der Zeremonienmeister sich entfernt hatte, aufstand, und vorschlug: 1) sich sogleich als Nationalversammlung, und 2) als unverletzlich, zu konstituieren. Denn dadurch, daß er sich, einer Kleistischen Flasche gleich, entladen hatte, war er nun wieder neutral geworden, und gab, von der Verwegenheit zurückgekehrt, plötzlich der Furcht vor dem Chatelet, und der Vorsicht, Raum. – Dies ist eine merkwürdige Übereinstimmung zwischen den Erscheinungen der physischen und moralischen Welt, welche sich, wenn man sie verfolgen wollte, auch noch in den Nebenumständen bewähren würde. Doch ich verlasse mein Gleichnis, und kehre zur Sache zurück. Auch Lafontaine gibt, in seiner Fabel: Les animaux malades de la peste, wo der Fuchs dem Löwen eine Apologie zu halten gezwungen ist, ohne zu wissen, wo er den Stoff dazu hernehmen soll, ein merkwürdiges Beispiel von einer allmählichen Verfertigung des Gedankens aus einem in der Not hingesetzten Anfang. Man kennt diese Fabel. Die Pest herrscht im Tierreich, der Löwe versammelt die Großen desselben, und eröffnet ihnen, daß dem Himmel, wenn er besänftigt werden solle, ein Opfer fallen müsse. Viele Sünder seien im Volke, der Tod des größesten müsse die übrigen vom

Untergang retten. Sie möchten ihm daher ihre Vergehungen aufrichtig bekennen. Er, für sein Teil gestehe, daß er, im Drange des Hungers, manchem Schafe den Garaus gemacht; auch dem Hunde, wenn er ihm zu nahe gekommen; ja, es sei ihm in leckerhaften Augenblicken zugestoßen, daß er den Schäfer gefressen. Wenn niemand sich größerer Schwachheiten schuldig gemacht habe, so sei er bereit zu sterben. »Sire«, sagt der Fuchs, der das Ungewitter von sich ableiten will, »Sie sind zu großmütig. Ihr edler Eifer führt Sie zu weit. Was ist es, ein Schaf erwürgen? Oder einen Hund, diese nichtswürdige Bestie? Und: quant au berger«, fährt er fort, denn dies ist der Hauptpunkt: »on peut dire«, obschon er noch nicht weiß was? »qu'il méritoit tout mal«, auf gut Glück; und somit ist er verwickelt; »étant«, eine schlechte Phrase, die ihm aber Zeit verschafft: »de ces gens là«, und nun erst findet er den Gedanken, der ihn aus der Not reißt: »qui sur les animaux se font un chimérique empire.« – Und jetzt beweist er, daß der Esel, der blutdürstige! (der alle Kräuter auffrißt) das zweckmäßigste Opfer sei, worauf alle über ihn herfallen, und ihn zerreißen. – Ein solches Reden ist ein wahrhaftes lautes Denken. Die Reihen der Vorstellungen und ihrer Bezeichnungen gehen neben einander fort, und die Gemütsakten für eins und das andere, kongruieren. Die Sprache ist alsdann keine Fessel, etwa wie ein Hemmschuh an dem Rade des Geistes, sondern wie ein zweites, mit ihm parallel fortlaufendes, Rad an seiner Achse. Etwas ganz anderes ist es wenn der Geist schon, vor aller Rede, mit dem Gedanken fertig ist. Denn dann muß er bei seiner bloßen Ausdrückung zurückbleiben, und dies Geschäft, weit entfernt ihn zu erregen, hat vielmehr keine andere Wirkung, als ihn von seiner Erregung abzuspannen. Wenn daher eine Vorstellung verworren ausgedrückt wird, so folgt der Schluß noch gar nicht, daß sie auch

verworren gedacht worden sei; vielmehr könnte es leicht
sein, daß die verworrenst ausgedrückten grade am deut-
lichsten gedacht werden. Man sieht oft in einer Gesellschaft, wo durch ein lebhaftes Gespräch, eine kontinuier-
liche Befruchtung der Gemüter mit Ideen im Werk ist,
Leute, die sich, weil sie sich der Sprache nicht mächtig
fühlen, sonst in der Regel zurückgezogen halten, plötzlich mit einer zuckenden Bewegung, aufflammen, die
Sprache an sich reißen und etwas Unverständliches zur
Welt bringen. Ja, sie scheinen, wenn sie nun die Aufmerksamkeit aller auf sich gezogen haben, durch ein
verlegnes Gebärdenspiel anzudeuten, daß sie selbst nicht
mehr recht wissen, was sie haben sagen wollen. Es ist
wahrscheinlich, daß diese Leute etwas recht Treffendes,
und sehr deutlich, gedacht haben. Aber der plötzliche
Geschäftswechsel, der Übergang ihres Geistes vom Denken zum Ausdrücken, schlug die ganze Erregung desselben, die zur Festhaltung des Gedankens notwendig, wie
zum Hervorbringen erforderlich war, wieder nieder. In
solchen Fällen ist es um so unerläßlicher, daß uns die
Sprache mit Leichtigkeit zur Hand sei, um dasjenige, was
wir gleichzeitig gedacht haben, und doch nicht gleichzeitig von uns geben können, wenigstens so schnell, als möglich, auf einander folgen zu lassen. Und überhaupt wird
jeder, der, bei gleicher Deutlichkeit, geschwinder als sein
Gegner spricht, einen Vorteil über ihn haben, weil er
gleichsam mehr Truppen als er ins Feld führt. Wie notwendig eine gewisse Erregung des Gemüts ist, auch selbst
nur, um Vorstellungen, die wir schon gehabt haben, wieder zu erzeugen, sieht man oft, wenn offene, und unter-
richtete Köpfe examiniert werden, und man ihnen ohne
vorhergegangene Einleitung, Fragen vorlegt, wie diese:
was ist der Staat? Oder: was ist das Eigentum? Oder dergleichen. Wenn diese jungen Leute sich in einer Gesellschaft befunden hätten, wo man sich vom Staat, oder

vom Eigentum, schon eine Zeitlang unterhalten hätte, so
würden sie vielleicht mit Leichtigkeit durch Vergleichung,
Absonderung, und Zusammenfassung der Begriffe, die
Definition gefunden haben. Hier aber, wo diese Vorbereitung des Gemüts gänzlich fehlt, sieht man sie stok-
ken, und nur ein unverständiger Examinator wird daraus schließen daß sie nicht *wissen*. Denn nicht *wir* wissen,
es ist allererst ein gewisser *Zustand* unsrer, welcher weiß.
Nur ganz gemeine Geister, Leute, die, was der Staat sei,
gestern auswendig gelernt, und morgen schon wieder
vergessen haben, werden hier mit der Antwort bei der
Hand sein. Vielleicht gibt es überhaupt keine schlechtere
Gelegenheit, sich von einer vorteilhaften Seite zu zeigen,
als grade ein öffentliches Examen. Abgerechnet, daß es
schon widerwärtig und das Zartgefühl verletzend ist,
und daß es reizt, sich stetig zu zeigen, wenn solch ein ge-
lehrter Roßkamm uns nach den Kenntnissen sieht, um
uns, je nachdem es fünf oder sechs sind, zu kaufen oder
wieder abtreten zu lassen: es ist so schwer, auf ein
menschliches Gemüt zu spielen und ihm seinen eigentümlichen Laut abzulocken, es verstimmt sich so leicht
unter ungeschickten Händen, daß selbst der geübteste
Menschenkenner, der in der Hebeammenkunst der Gedanken, wie Kant sie nennt, auf das Meisterhafteste be-
wandert wäre, hier noch, wegen der Unbekanntschaft
mit seinem Sechswöchner, Mißgriffe tun könnte. Was
übrigens solchen jungen Leuten, auch selbst den un-
wissendsten noch, in den meisten Fällen ein gutes Zeugnis verschafft, ist der Umstand, daß die Gemüter der
Examinatoren, wenn die Prüfung öffentlich geschieht,
selbst zu sehr befangen sind, um ein freies Urteil fällen
zu können. Denn nicht nur fühlen sie häufig die Unan-
ständigkeit dieses ganzen Verfahrens: man würde sich
schon schämen,. von jemandem, daß er seine Geldbörse
vor uns ausschütte, zu fordern, viel weniger, seine Seele:

sondern ihr eigener Verstand muß hier eine gefährliche
Musterung passieren, und sie mögen oft ihrem Gott danken, wenn sie selbst aus dem Examen gehen können,
ohne sich Blößen, schmachvoller vielleicht, als der, eben
von der Universität kommende, Jüngling gegeben zu
haben, den sie examinierten.

(Die Fortsetzung folgt[1])   H. v. K.

---

1. Eine Fortsetzung kam nicht zustande.

ÜBER DAS MARIONETTENTHEATER

Als ich den Winter 1801 in M . . . zubrachte, traf ich daselbst eines Abends, in einem öffentlichen Garten, den Herrn C. an, der seit kurzem, in dieser Stadt, als erster Tänzer der Oper, angestellt war, und bei dem Publiko außerordentliches Glück machte.

Ich sagte ihm, daß ich erstaunt gewesen wäre, ihn schon mehrere Mal in einem Marionettentheater zu finden, das auf dem Markte zusammengezimmert worden war, und den Pöbel, durch kleine dramatische Burlesken, mit Gesang und Tanz durchwebt, belustigte.

Er versicherte mir, daß ihm die Pantomimik dieser Puppen viel Vergnügen machte, und ließ nicht undeutlich merken, daß ein Tänzer, der sich ausbilden wolle, mancherlei von ihnen lernen könne.

Da die Äußerung mir, durch die Art, wie er sie vorbrachte, mehr, als ein bloßer Einfall schien, so ließ ich mich bei ihm nieder, um ihn über die Gründe, auf die er eine so sonderbare Behauptung stützen könne, näher zu vernehmen.

Er fragte mich, ob ich nicht, in der Tat, einige Bewegungen der Puppen, besonders der kleineren, im Tanz sehr graziös gefunden hatte.

Diesen Umstand konnt ich nicht leugnen. Eine Gruppe von vier Bauern, die nach einem raschen Takt die Ronde tanzte, hätte von Teniers nicht hübscher gemalt werden können.

Ich erkundigte mich nach dem Mechanismus dieser Figuren, und wie es möglich wäre, die einzelnen Glieder derselben und ihre Punkte, ohne Myriaden von Fäden an den Fingern zu haben, so zu regieren, als es der Rhythmus der Bewegungen, oder der Tanz, erfordere?

Er antwortete, daß ich mir nicht vorstellen müsse, als

ob jedes Glied einzeln, während der verschiedenen Momente des Tanzes, von dem Maschinisten gestellt und gezogen würde.

Jede Bewegung, sagte er, hätte einen Schwerpunkt; es wäre genug, diesen, in dem Innern der Figur, zu regieren; die Glieder, welche nichts als Pendel wären, folgten, ohne irgend ein Zutun, auf eine mechanische Weise von selbst.

Er setzte hinzu, daß diese Bewegung sehr einfach wäre; daß jedesmal, wenn der Schwerpunkt in einer *graden Linie* bewegt wird, die Glieder schon *Kurven* beschrieben; und daß oft, auf eine bloß zufällige Weise erschüttert, das Ganze schon in eine Art von rhythmische Bewegung käme, die dem Tanz ähnlich wäre.

Diese Bemerkung schien mir zuerst einiges Licht über das Vergnügen zu werfen, das er in dem Theater der Marionetten zu finden vorgegeben hatte. Inzwischen ahndete ich bei weitem die Folgerungen noch nicht, die er späterhin daraus ziehen würde.

Ich fragte ihn, ob er glaubte, daß der Maschinist, der diese Puppen regiere, selbst ein Tänzer sein, oder wenigstens einen Begriff vom Schönen im Tanz haben müsse?

Er erwiderte, daß wenn ein Geschäft, von seiner mechanischen Seite, leicht sei, daraus noch nicht folge, daß es ganz ohne Empfindung betrieben werden könne.

Die Linie, die der Schwerpunkt zu beschreiben hat, wäre zwar sehr einfach, und, wie er glaube, in den meisten Fällen, gerad. In Fällen, wo sie krumm sei, scheine das Gesetz ihrer Krümmung wenigstens von der ersten oder höchstens zweiten Ordnung; und auch in diesem letzten Fall nur elliptisch, welche Form der Bewegung den Spitzen des menschlichen Körpers (wegen der Gelenke) überhaupt die natürliche sei, und also dem Maschinisten keine große Kunst koste, zu verzeichnen.

Dagegen wäre diese Linie wieder, von einer andern Seite, etwas sehr Geheimnisvolles. Denn sie wäre nichts anders, als der *Weg der Seele des Tänzers*; und er zweifle, daß sie anders gefunden werden könne, als dadurch, daß sich der Maschinist in den Schwerpunkt der Marionette versetzt, d. h. mit andern Worten, *tanzt*.

Ich erwiderte, daß man mir das Geschäft desselben als etwas ziemlich Geistloses vorgestellt hätte: etwa was das Drehen einer Kurbel sei, die eine Leier spielt.

Keineswegs, antwortete er. Vielmehr verhalten sich die Bewegungen seiner Finger zur Bewegung der daran befestigten Puppen ziemlich künstlich, etwa wie Zahlen zu ihren Logarithmen oder die Asymptote zur Hyperbel.

Inzwischen glaube er, daß auch dieser letzte Bruch von Geist, von dem er gesprochen, aus den Marionetten entfernt werden, daß ihr Tanz gänzlich ins Reich mechanischer Kräfte hinübergespielt, und vermittelst einer Kurbel, so wie ich es mir gedacht, hervorgebracht werden könne.

Ich äußerte meine Verwunderung zu sehen, welcher Aufmerksamkeit er diese, für den Haufen erfundene, Spielart einer schönen Kunst würdige. Nicht bloß, daß er sie einer höheren Entwickelung für fähig halte: er scheine sich sogar selbst damit zu beschäftigen.

Er lächelte, und sagte, er getraue sich zu behaupten, daß wenn ihm ein Mechanikus, nach den Forderungen, die er an ihn zu machen dächte, eine Marionette bauen wollte, er vermittelst derselben einen Tanz darstellen würde, den weder er, noch irgend ein anderer geschickter Tänzer seiner Zeit, Vestris selbst nicht ausgenommen, zu erreichen imstande wäre.

Haben Sie, fragte er, da ich den Blick schweigend zur Erde schlug: haben Sie von jenen mechanischen Beinen gehört, welche englische Künstler für Unglückliche verfertigen, die ihre Schenkel verloren haben?

Ich sagte, nein: dergleichen wäre mir nie vor Augen gekommen.

Es tut mir leid, erwiderte er; denn wenn ich Ihnen sage, daß diese Unglücklichen damit tanzen, so fürchte ich fast, Sie werden es mir nicht glauben. – Was sag ich, tanzen? Der Kreis ihrer Bewegungen ist zwar beschränkt; doch diejenigen, die ihnen zu Gebote stehen, vollziehen sich mit einer Ruhe, Leichtigkeit und Anmut, die jedes denkende Gemüt in Erstaunen setzen.

Ich äußerte, scherzend, daß er ja, auf diese Weise, seinen Mann gefunden habe. Denn derjenige Künstler, der einen so merkwürdigen Schenkel zu bauen imstande sei, würde ihm unzweifelhaft auch eine ganze Marionette, seinen Forderungen gemäß, zusammensetzen können.

Wie, fragte ich, da er seinerseits ein wenig betreten zur Erde sah: wie sind denn diese Forderungen, die Sie an die Kunstfertigkeit desselben zu machen gedenken, bestellt?

Nichts, antwortete er, was sich nicht auch schon hier fände; Ebenmaß, Beweglichkeit, Leichtigkeit – nur alles in einem höheren Grade; und besonders eine naturgemäßere Anordnung der Schwerpunkte.

Und der Vorteil, den diese Puppe vor lebendigen Tänzern voraus haben würde?

Der Vorteil? Zuvörderst ein negativer, mein vortrefflicher Freund, nämlich dieser, daß sie sich niemals *zierte*. – Denn Ziererei erscheint, wie Sie wissen, wenn sich die Seele (vis motrix[1]) in irgend einem andern Punkte befindet, als in dem Schwerpunkt der Bewegung. Da der Maschinist nun schlechthin, vermittelst des Drahtes oder Fadens, keinen andern Punkt in seiner Gewalt hat, als diesen: so sind alle übrigen Glieder, was sie sein sollen, tot, reine Pendel, und folgen dem bloßen Gesetz der

1. bewegende Kraft.

Schwere; eine vortreffliche Eigenschaft, die man vergebens bei dem größesten Teil unsrer Tänzer sucht.

Sehen Sie nur die P ... an, fuhr er fort, wenn sie die Daphne spielt, und sich, verfolgt vom Apoll, nach ihm umsieht; die Seele sitzt ihr in den Wirbeln des Kreuzes; sie beugt sich, als ob sie brechen wollte, wie eine Najade aus der Schule Bernins. Sehen Sie den jungen F ... an, wenn er, als Paris, unter den drei Göttinnen steht, und der Venus den Apfel überreicht: die Seele sitzt ihm gar (es ist ein Schrecken, es zu sehen) im Ellenbogen.

Solche Mißgriffe, setzte er abbrechend hinzu, sind unvermeidlich, seitdem wir von dem Baum der Erkenntnis gegessen haben. Doch das Paradies ist verriegelt und der Cherub hinter uns; wir müssen die Reise um die Welt machen, und sehen, ob es vielleicht von hinten irgendwo wieder offen ist.

Ich lachte. – Allerdings, dachte ich, kann der Geist nicht irren, da, wo keiner vorhanden ist. Doch ich bemerkte, daß er noch mehr auf dem Herzen hatte, und bat ihn, fortzufahren.

Zudem, sprach er, haben diese Puppen den Vorteil, daß sie *antigrav*[1] sind. Von der Trägheit der Materie, dieser dem Tanze entgegenstrebendsten aller Eigenschaften, wissen sie nichts: weil die Kraft, die sie in die Lüfte erhebt, größer ist, als jene, die sie an der Erde fesselt. Was würde unsre gute G ... darum geben, wenn sie sechzig Pfund leichter wäre, oder ein Gewicht von dieser Größe ihr bei ihren Entrechats und Pirouetten, zu Hülfe käme? Die Puppen brauchen den Boden nur, wie die Elfen, um ihn zu *streifen,* und den Schwung der Glieder, durch die augenblickliche Hemmung neu zu beleben; wir

---

1. nicht lastend, von Schwere gleichsam befreit, der Schwerkraft entgegenwirkend.

brauchen ihn, um darauf zu *ruhen*, und uns von der Anstrengung des Tanzes zu erholen: ein Moment, der offenbar selber kein Tanz ist, und mit dem sich weiter nichts anfangen läßt, als ihn möglichst verschwinden zu machen.

Ich sagte, daß, so geschickt er auch die Sache seiner Paradoxe führe, er mich doch nimmermehr glauben machen würde, daß in einem mechanischen Gliedermann mehr Anmut enthalten sein könne, als in dem Bau des menschlichen Körpers.

Er versetzte, daß es dem Menschen schlechthin unmöglich wäre, den Gliedermann darin auch nur zu erreichen. Nur ein Gott könne sich, auf diesem Felde, mit der Materie messen; und hier sei der Punkt, wo die beiden Enden der ringförmigen Welt in einander griffen.

Ich erstaunte immer mehr, und wußte nicht, was ich zu so sonderbaren Behauptungen sagen sollte.

Es scheine, versetzte er, indem er eine Prise Tabak nahm, daß ich das dritte Kapitel vom ersten Buch Moses nicht mit Aufmerksamkeit gelesen; und wer diese erste Periode aller menschlichen Bildung nicht kennt, mit dem könne man nicht füglich über die folgenden, um wie viel weniger über die letzte, sprechen.

Ich sagte, daß ich gar wohl wüßte, welche Unordnungen, in der natürlichen Grazie des Menschen, das Bewußtsein anrichtet. Ein junger Mann von meiner Bekanntschaft hätte, durch eine bloße Bemerkung, gleichsam vor meinen Augen, seine Unschuld verloren, und das Paradies derselben, trotz aller ersinnlichen Bemühungen, nachher niemals wieder gefunden. – Doch, welche Folgerungen, setzte ich hinzu, können Sie daraus ziehen?

Er fragte mich, welch einen Vorfall ich meine?

Ich badete mich, erzählte ich, vor etwa drei Jahren, mit einem jungen Mann, über dessen Bildung damals eine wunderbare Anmut verbreitet war. Er mochte ohn-

gefähr in seinem sechzehnten Jahre stehn, und nur ganz
von fern ließen sich, von der Gunst der Frauen herbei-
gerufen, die ersten Spuren von Eitelkeit erblicken. Es
traf sich, daß wir grade kurz zuvor in Paris den Jüngling gesehen hatten, der sich einen Splitter aus dem Fuße
zieht; der Abguß der Statue ist bekannt und befindet
sich in den meisten deutschen Sammlungen. Ein Blick,
den er in dem Augenblick, da er den Fuß auf den Schemel setzte, um ihn abzutrocknen, in einen großen Spiegel
warf, erinnerte ihn daran; er lächelte und sagte mir,
welch eine Entdeckung er gemacht habe. In der Tat hatte
ich, in eben diesem Augenblick, dieselbe gemacht; doch
sei es, um die Sicherheit der Grazie, die ihm beiwohnte,
zu prüfen, sei es, um seiner Eitelkeit ein wenig heilsam
zu begegnen: ich lachte und erwiderte – er sähe wohl
Geister! Er errötete, und hob den Fuß zum zweitenmal,
um es mir zu zeigen; doch der Versuch, wie sich leicht
hätte voraussehn lassen, mißglückte. Er hob verwirrt den
Fuß zum dritten und vierten, er hob ihn wohl noch
zehnmal: umsonst! er war außerstand, dieselbe Bewegung wieder hervorzubringen – was sag ich? die Bewegungen, die er machte, hatten ein so komisches Element, daß ich Mühe hatte, das Gelächter zurückzuhal-
ten: –

Von diesem Tage, gleichsam von diesem Augenblick
an, ging eine unbegreifliche Veränderung mit dem jungen
Menschen vor. Er fing an, tagelang vor dem Spiegel zu
stehen; und immer ein Reiz nach dem anderen verließ
ihn. Eine unsichtbare und unbegreifliche Gewalt schien
sich, wie ein eisernes Netz, um das freie Spiel seiner Ge-
bärden zu legen, und als ein Jahr verflossen war, war
keine Spur mehr von der Lieblichkeit in ihm zu entdecken, die die Augen der Menschen sonst, die ihn umringten, ergötzt hatte. Noch jetzt lebt jemand, der ein
Zeuge jenes sonderbaren und unglücklichen Vorfalls war,

und ihn, Wort für Wort, wie ich ihn erzählt, bestätigen könnte. –

Bei dieser Gelegenheit, sagte Herr C ... freundlich, muß ich Ihnen eine andere Geschichte erzählen, von der Sie leicht begreifen werden, wie sie hierher gehört.

Ich befand mich, auf meiner Reise nach Rußland, auf einem Landgut des Herrn v. G ..., eines livländischen Edelmanns, dessen Söhne sich eben damals stark im Fechten übten. Besonders der ältere, der eben von der Universität zurückgekommen war, machte den Virtuosen, und bot mir, da ich eines Morgens auf seinem Zimmer war, ein Rapier an. Wir fochten; doch es traf sich, daß ich ihm überlegen war; Leidenschaft kam dazu, ihn zu verwirren; fast jeder Stoß, den ich führte, traf, und sein Rapier flog zuletzt in den Winkel. Halb scherzend, halb empfindlich, sagte er, indem er das Rapier aufhob, daß er seinen Meister gefunden habe: doch alles auf der Welt finde den seinen, und fortan wolle er mich zu dem meinigen führen. Die Brüder lachten laut auf, und riefen: Fort! fort! In den Holzstall herab! und damit nahmen sie mich bei der Hand und führten mich zu einem Bären, den Herr v. G ..., ihr Vater, auf dem Hofe auferziehen ließ.

Der Bär stand, als ich erstaunt vor ihn trat, auf den Hinterfüßen, mit dem Rücken an einem Pfahl gelehnt, an welchem er angeschlossen war, die rechte Tatze schlagfertig erhoben, und sah mir ins Auge: das war seine Fechterpositur. Ich wußte nicht, ob ich träumte, da ich mich einem solchen Gegner gegenüber sah; doch: stoßen Sie! stoßen Sie! sagte Herr v. G ..., und versuchen Sie, ob Sie ihm eins beibringen können! Ich fiel, da ich mich ein wenig von meinem Erstaunen erholt hatte, mit dem Rapier auf ihn aus; der Bär machte eine ganz kurze Bewegung mit der Tatze und parierte den Stoß. Ich versuchte ihn durch Finten zu verführen; der Bär rührte sich

nicht. Ich fiel wieder, mit einer augenblicklichen Ge-
wandtheit, auf ihn aus, eines Menschen Brust würde ich
ohnfehlbar getroffen haben: der Bär machte eine ganz
kurze Bewegung mit der Tatze und parierte den Stoß.
Jetzt war ich fast in dem Fall des jungen Herrn v. G...
Der Ernst des Bären kam hinzu, mir die Fassung zu rau-
ben, Stöße und Finten wechselten sich, mir triefte der
Schweiß: umsonst! Nicht bloß, daß der Bär, wie der
erste Fechter der Welt, alle meine Stöße parierte; auf
Finten (was ihm kein Fechter der Welt nachmacht) ging
er gar nicht einmal ein: Aug in Auge, als ob er meine
Seele darin lesen könnte, stand er, die Tatze schlagfertig
erhoben, und wenn meine Stöße nicht ernsthaft gemeint
waren, so rührte er sich nicht.

Glauben Sie diese Geschichte?

Vollkommen! rief ich, mit freudigem Beifall; jed-
wedem Fremden, so wahrscheinlich ist sie: um wie viel
mehr Ihnen!

Nun, mein vortrefflicher Freund, sagte Herr C..., so
sind Sie im Besitz von allem, was nötig ist, um mich zu
begreifen. Wir sehen, daß in dem Maße, als, in der orga-
nischen Welt, die Reflexion dunkler und schwächer wird,
die Grazie darin immer strahlender und herrschender
hervortritt. – Doch so, wie sich der Durchschnitt zweier
Linien, auf der einen Seite eines Punkts, nach dem Durch-
gang durch das Unendliche, plötzlich wieder auf der
andern Seite einfindet, oder das Bild des Hohlspiegels,
nachdem es sich in das Unendliche entfernt hat, plötzlich
wieder dicht vor uns tritt: so findet sich auch, wenn die
Erkenntnis gleichsam durch ein Unendliches gegangen ist,
die Grazie wieder ein; so, daß sie, zu gleicher Zeit, in
demjenigen menschlichen Körperbau am reinsten erscheint, der entweder gar keins, oder ein unendliches Bewußtsein hat, d. h. in dem Gliedermann, oder in dem
Gott.

Mithin, sagte ich ein wenig zerstreut, müßten wir wieder von dem Baum der Erkenntnis essen, um in den Stand der Unschuld zurückzufallen?

Allerdings, antwortete er; das ist das letzte Kapitel von der Geschichte der Welt. H. v. K.

AUS DEN
»BERLINER ABENDBLÄTTERN«

Gebet des Zoroaster

(Aus einer indischen Handschrift, von einem Reisenden in den
Ruinen von Palmyra gefunden)

Gott, mein Vater im Himmel! Du hast dem Menschen
ein so freies, herrliches und üppiges Leben bestimmt.
Kräfte unendlicher Art, göttliche und tierische, spielen in
seiner Brust zusammen, um ihn zum König der Erde zu
machen. Gleichwohl, von unsichtbaren Geistern überwäl-
tigt, liegt er, auf verwundernswürdige und unbegreifliche Weise, in Ketten und Banden; das Höchste, von
Irrtum geblendet, läßt er zur Seite liegen, und wandelt,
wie mit Blindheit geschlagen, unter Jämmerlichkeiten
und Nichtigkeiten umher. Ja, er gefällt sich in seinem
Zustand; und wenn die Vorwelt nicht wäre und die göttlichen Lieder, die von ihr Kunde geben, so würden wir
gar nicht mehr ahnden, von welchen Gipfeln, o Herr!
der Mensch um sich schauen kann. Nun lässest du es, von
Zeit zu Zeit, niederfallen, wie Schuppen, von dem Auge
eines deiner Knechte, den du dir erwählt, daß er die
Torheiten und Irrtümer seiner Gattung überschaue; ihn
rüstest du mit dem Köcher der Rede, daß er, furchtlos
und liebreich, mitten unter sie trete, und sie mit Pfeilen,
bald schärfer, bald leiser, aus der wunderlichen Schlaf-
sucht, in welcher sie befangen liegen, wecke. Auch mich,
o Herr, hast du, in deiner Weisheit, mich wenig Würdigen, zu diesem Geschäft erkoren; und ich schicke mich zu
meinem Beruf an. Durchdringe mich ganz, vom Scheitel
zur Sohle, mit dem Gefühl des Elends, in welchem dies
Zeitalter darniederliegt, und mit der Einsicht in alle Er-
bärmlichkeiten, Halbheiten, Unwahrhaftigkeiten und

Gleisnereien, von denen es die Folge ist. Stähle mich mit
Kraft, den Bogen des Urteils rüstig zu spannen, und, in
der Wahl der Geschosse, mit Besonnenheit und Klugheit,
auf daß ich jedem, wie es ihm zukommt, begegne: den
Verderblichen und Unheilbaren, dir zum Ruhm, nieder-
werfe, den Lasterhaften schrecke, den Irrenden warne,
den Toren, mit dem bloßen Geräusch der Spitze über
sein Haupt hin, necke. Und einen Kranz auch lehre mich
winden, womit ich, auf meine Weise, den, der dir wohl-
gefällig ist, kröne! Über alles aber, o Herr, möge Liebe
wachen zu dir, ohne welche nichts, auch das Geringfügig-
ste nicht, gelingt: auf daß dein Reich verherrlicht und er-
weitert werde, durch alle Räume und alle Zeiten, Amen!

x.

Empfindungen vor Friedrichs Seelandschaft

Herrlich ist es, in einer unendlichen Einsamkeit am
Meeresufer, unter trübem Himmel, auf eine unbegrenzte
Wasserwüste, hinauszuschauen. Dazu gehört gleichwohl,
daß man dahin gegangen sei, daß man zurück muß, daß
man hinüber möchte, daß man es nicht kann, daß man
alles zum Leben vermißt, und die Stimme des Lebens
dennoch im Rauschen der Flut, im Wehen der Luft, im
Ziehen der Wolken, dem einsamen Geschrei der Vögel,
vernimmt. Dazu gehört ein Anspruch, den das Herz
macht, und ein Abbruch, um mich so auszudrücken, den
einem die Natur tut. Dies aber ist vor dem Bilde unmöglich, und das, was ich in dem Bilde selbst finden sollte,
fand ich erst zwischen mir und dem Bilde, nämlich einen
Anspruch, den mein Herz an das Bild machte, und einen
Abbruch, den mir das Bild tat; und so ward ich selbst
der Kapuziner, das Bild ward die Düne, das aber, wo
hinaus ich mit Sehnsucht blicken sollte, die See, fehlte
ganz. Nichts kann trauriger und unbehaglicher sein, als

diese Stellung in der Welt: der einzige Lebensfunke im weiten Reiche des Todes, der einsame Mittelpunkt im einsamen Kreis. Das Bild liegt, mit seinen zwei oder drei geheimnisvollen Gegenständen, wie die Apokalypse da, als ob es Youngs Nachtgedanken hätte, und da es, in seiner Einförmigkeit und Uferlosigkeit, nichts, als den Rahm, zum Vordergrund hat, so ist es, wenn man es betrachtet, als ob einem die Augenlider weggeschnitten wären. Gleichwohl hat der Maler zweifelsohne eine ganz neue Bahn im Felde seiner Kunst gebrochen; und ich bin überzeugt, daß sich, mit seinem Geiste, eine Quadratmeile märkischen Sandes darstellen ließe, mit einem Berberitzenstrauch, worauf sich eine Krähe einsam plustert, und daß dies Bild eine wahrhaft Ossiansche oder Kosegartensche Wirkung tun müßte. Ja, wenn man diese Landschaft mit ihrer eignen Kreide und mit ihrem eignen Wasser malte; so, glaube ich, man könnte die Füchse und Wölfe damit zum Heulen bringen: das Stärkste, was man, ohne allen Zweifel, zum Lobe für diese Art von Landschaftsmalerei beibringen kann. – Doch meine eigenen Empfindungen, über dies wunderbare Gemälde, sind zu verworren; daher habe ich mir, ehe ich sie ganz auszusprechen wage, vorgenommen, mich durch die Äußerungen derer, die paarweise, von Morgen bis Abend, daran vorübergehen, zu belehren.   cb.

Brief eines Malers an seinen Sohn

Mein lieber Sohn,

Du schreibst mir, daß du eine Madonna malst, und daß dein Gefühl dir, für die Vollendung dieses Werks, so unrein und körperlich dünkt, daß du jedesmal, bevor du zum Pinsel greifst, das Abendmahl nehmen möchtest, um es zu heiligen. Laß dir von deinem alten Vater sagen,

daß dies eine falsche, dir von der Schule, aus der du her-
stammst, anklebende Begeisterung ist, und daß es, nach
Anleitung unserer würdigen alten Meister, mit einer ge-
meinen, aber übrigens rechtschaffenen Lust an dem Spiel,
deine Einbildungen auf die Leinewand zu bringen, völlig
abgemacht ist. Die Welt ist eine wunderliche Einrichtung;
und die göttlichsten Wirkungen, mein lieber Sohn, gehen
aus den niedrigsten und unscheinbarsten Ursachen hervor. Der Mensch, um dir ein Beispiel zu geben, das in die
Augen springt, gewiß, er ist ein erhabenes Geschöpf; und
gleichwohl, in dem Augenblick, da man ihn macht, ist es
nicht nötig, daß man dies, mit vieler Heiligkeit, bedenke.
Ja, derjenige, der das Abendmahl darauf nähme, und
mit dem bloßen Vorsatz ans Werk ginge, seinen Begriff
davon in der Sinnenwelt zu konstruieren, würde ohnfehlbar ein ärmliches und gebrechliches Wesen hervorbringen; dagegen derjenige, der, in einer heitern Som-
mernacht, ein Mädchen, ohne weiteren Gedanken, küßt,
zweifelsohne einen Jungen zur Welt bringt, der nachher,
auf rüstige Weise, zwischen Erde und Himmel herum-
klettert, und den Philosophen zu schaffen gibt. Und
hiermit Gott befohlen.　　　　　　　　　　　*y.*

Brief eines jungen Dichters an einen jungen Maler

Uns Dichtern ist es unbegreiflich, wie ihr euch entschlie-
ßen könnt, ihr lieben Maler, deren Kunst etwas so Unendliches ist, jahrelang zuzubringen mit dem Geschäft,
die Werke eurer großen Meister zu kopieren. Die Lehrer,
bei denen ihr in die Schule geht, sagt ihr, leiden nicht,
daß ihr eure Einbildungen, ehe die Zeit gekommen ist,
auf die Leinewand bringt; wären wir aber, wir Dichter,
in eurem Fall gewesen, so meine ich, wir würden unsern
Rücken lieber unendlichen Schlägen ausgesetzt haben, als

diesem grausamen Verbot ein Genüge zu tun. Die Ein-
bildungskraft würde sich, auf ganz unüberwindliche
Weise, in unseren Brüsten geregt haben, und wir, unseren unmenschlichen Lehrern zum Trotz, gleich, sobald
wir nur gewußt hätten, daß man mit dem Büschel, und
nicht mit dem Stock am Pinsel malen müsse, heimlich zur
Nachtzeit die Türen verschlossen haben, um uns in der
Erfindung, diesem Spiel der Seligen, zu versuchen. Da,
wo sich die Phantasie in euren jungen Gemütern vor-
findet, scheint uns, müsse sie, unerbittlich und unrettbar,
durch die endlose Untertänigkeit, zu welcher ihr euch
beim Kopieren in Galerien und Sälen verdammt, zu
Grund und Boden gehen. Wir wissen, in unsrer Ansicht
schlecht und recht von der Sache nicht, was es mehr be-
darf, als das Bild, das euch rührt, und dessen Vortreff-
lichkeit ihr euch anzueignen wünscht, mit Innigkeit und
Liebe, durch Stunden, Tage, Wochen, Monden, oder mei-
nethalben Jahre, anzuschauen. Wenigstens dünkt uns,
läßt sich ein doppelter Gebrauch von einem Bilde machen; einmal der, den ihr davon macht, nämlich die Züge
desselben nachzuschreiben, um euch die Fertigkeit der
malerischen Schrift einzulernen; und dann in seinem
Geist, gleich vom Anfang herein, nachzuerfinden. Und
auch diese Fertigkeit müßte, sobald als nur irgend möglich, gegen die Kunst selbst, deren wesentliches Stück die
Erfindung nach eigentümlichen Gesetzen ist, an den Na-
gel gehängt werden. Denn die Aufgabe, Himmel und
Erde! ist ja nicht, ein anderer, sondern ihr selbst zu sein,
und euch selbst, euer Eigenstes und Innerstes, durch Um-
riß und Farben, zur Anschauung zu bringen! Wie mögt
ihr euch nur in dem Maße verachten, daß ihr willigen
könnt, ganz und gar auf Erden nicht vorhanden gewesen
zu sein; da eben das Dasein so herrlicher Geister, als die
sind, welche ihr bewundert, weit entfernt, euch zu ver-
nichten, vielmehr allererst die rechte Lust in euch er-

wecken und mit der Kraft, heiter und tapfer, ausrüsten
sollen, auf eure eigne Weise gleichfalls zu sein? Aber ihr
Leute, ihr bildet euch ein, ihr müßtet durch euren Meister, den Raphael oder Corregge, oder wen ihr euch
sonst zum Vorbild gesetzt habt, hindurch; da ihr euch
doch ganz und gar umkehren, mit dem Rücken gegen ihn
stellen, und, in diametral entgegengesetzter Richtung,
den Gipfel der Kunst, den ihr im Auge habt, auffinden
und ersteigen könntet. – So! sagt ihr und seht mich an:
was der Herr uns da Neues sagt! und lächelt und zuckt
die Achseln. Demnach, ihr Herren, Gott befohlen! Denn
da Kopernikus schon vor dreihundert Jahren gesagt hat,
daß die Erde rund sei, so sehe ich nicht ein, was es helfen
könnte, wenn ich es hier wiederholte. Lebet wohl!   y.

Von der Überlegung

Eine Paradoxe

Man rühmt den Nutzen der Überlegung in alle Himmel;
besonders der kaltblütigen und langwierigen, vor der
Tat. Wenn ich ein Spanier, ein Italiener oder ein Franzose wäre: so möchte es damit sein Bewenden haben. Da
ich aber ein Deutscher bin, so denke ich meinem Sohn
einst, besonders wenn er sich zum Soldaten bestimmen
sollte, folgende Rede zu halten.

»Die Überlegung, wisse, findet ihren Zeitpunkt weit
schicklicher *nach*, als *vor* der Tat. Wenn sie vorher, oder
in dem Augenblick der Entscheidung selbst, ins Spiel
tritt: so scheint sie nur die zum Handeln nötige Kraft,
die aus dem herrlichen Gefühl quillt, zu verwirren, zu
hemmen und zu unterdrücken; dagegen sich nachher,
wenn die Handlung abgetan ist, der Gebrauch von ihr
machen läßt, zu welchem sie dem Menschen eigentlich gegeben ist, nämlich sich dessen, was in dem Verfahren

fehlerhaft und gebrechlich war, bewußt zu werden, und
das Gefühl für andere künftige Fälle zu regulieren. Das
Leben selbst ist ein Kampf mit dem Schicksal; und es
verhält sich auch mit dem Handeln wie mit dem Rin-
gen. Der Athlet kann, in dem Augenblick, da er seinen
Gegner umfaßt hält, schlechthin nach keiner anderen
Rücksicht, als nach bloßen augenblicklichen Eingebungen
verfahren; und derjenige, der berechnen wollte, welche
Muskeln er anstrengen, und welche Glieder er in Bewegung setzen soll, um zu überwinden, würde unfehlbar
den kürzeren ziehen, und unterliegen. Aber nachher,
wenn er gesiegt hat oder am Boden liegt, mag es zweck-
mäßig und an seinem Ort sein, zu überlegen, durch welchen Druck er seinen Gegner niederwarf, oder welch ein
Bein er ihm hätte stellen sollen, um sich aufrecht zu erhalten. Wer das Leben nicht, wie ein solcher Ringer, umfaßt hält, und tausendgliedrig, nach allen Windungen
des Kampfs, nach allen Widerständen, Drücken, Aus-
weichungen und Reaktionen, empfindet und spürt: der
wird, was er will, in keinem Gespräch, durchsetzen; viel-
weniger in einer Schlacht.«   x.

Ein Satz aus der höheren Kritik

An ***

Es gehört mehr Genie dazu, ein mittelmäßiges Kunstwerk zu würdigen, als ein vortreffliches. Schönheit und
Wahrheit leuchten der menschlichen Natur in der aller-
ersten Instanz ein; und so wie die erhabensten Sätze am
leichtesten zu verstehen sind (nur das Minutiöse ist
schwer zu begreifen), so gefällt das Schöne leicht; nur
das Mangelhafte und Manierierte genießt sich mit Mühe.
In einem trefflichen Kunstwerk ist das Schöne so rein
enthalten, daß es jedem gesunden Auffassungsvermögen,

als solchem, in die Sinne springt; im Mittelmäßigen hingegen ist es mit soviel Zufälligem oder wohl gar Widersprechenden vermischt, daß ein weit schärferes Urteil, eine zartere Empfindung, und eine geübtere und lebhaftere Imagination, kurz mehr Genie dazu gehört, um es davon zu säubern. Daher sind auch über vorzügliche Werke die Meinungen niemals geteilt (die Trennung, die die Leidenschaft hineinbringt, erwäge ich hier nicht); nur über solche, die es nicht ganz sind, streitet und zankt man sich. Wie rührend ist die Erfindung in manchem Gedicht: nur durch Sprache, Bilder und Wendungen so entstellt, daß man oft unfehlbares Sensorium haben muß, um es zu entdecken. Alles dies ist so wahr, daß der Gedanke zu unsern vollkommensten Kunstwerken (z. B. eines großen Teils der Shakespeareschen) bei der Lektüre schlechter, der Vergessenheit ganz übergebener Broschüren und Scharteken entstanden ist. Wer also Schiller und Goethe lobt, der gibt mir dadurch noch gar nicht, wie er glaubt, den Beweis eines vorzüglichen und außerordentlichen Schönheitssinnes; wer aber mit Gellert und Cronegk hie und da zufrieden ist, der läßt mich, wenn er nur sonst in einer Rede recht hat, vermuten, daß er Verstand und Empfindungen, und zwar beide in einem seltenen Grade besitzt.   xy.

Brief eines Dichters an einen anderen

Mein teurer Freund!

Jüngsthin, als ich dich bei der Lektüre meiner Gedichte fand, verbreitetest du dich, mit außerordentlicher Beredsamkeit, über die Form, und unter beifälligen Rückblicken über die Schule, nach der ich mich, wie du vorauszusetzen beliebst, gebildet habe; rühmtest du mir auf eine Art, die mich zu beschämen geschickt war, bald die

Zweckmäßigkeit des dabei zum Grunde liegenden Me-
trums, bald den Rhythmus, bald den Reiz des Wohlklangs und bald die Reinheit und Richtigkeit des Aus-
drucks und der Sprache überhaupt. Erlaube mir, dir zu
sagen, daß dein Gemüt hier auf Vorzügen verweilt, die
ihren größesten Wert dadurch bewiesen haben würden,
daß du sie gar nicht bemerkt hättest. Wenn ich beim
Dichten in meinen Busen fassen, meinen Gedanken ergreifen, und mit Händen, ohne weitere Zutat, in den
deinigen legen könnte: so wäre, die Wahrheit zu gestehn,
die ganze innere Forderung meiner Seele erfüllt. Und
auch dir, Freund, dünkt mich, bliebe nichts zu wünschen
übrig: dem Durstigen kommt es, als solchem, auf die
Schale nicht an, sondern auf die Früchte, die man ihm
darin bringt. Nur weil der Gedanke, um zu erscheinen,
wie jene flüchtigen, undarstellbaren, chemischen Stoffe,
mit etwas Gröberem, Körperlichen, verbunden sein muß:
nur darum bediene ich mich, wenn ich mich dir mitteilen
will, und nur darum bedarfst du, um mich zu verstehen,
der Rede. Sprache, Rhythmus, Wohlklang usw., und so
reizend diese Dinge auch, insofern sie den Geist einhül-
len, sein mögen, so sind sie doch an und für sich, aus diesem höheren Gesichtspunkt betrachtet, nichts, als ein
wahrer, obschon natürlicher und notwendiger Übelstand;
und die Kunst kann, in bezug auf sie, auf nichts gehen,
als sie möglichst *verschwinden* zu machen. Ich bemühe
mich aus meinen besten Kräften, dem Ausdruck Klarheit,
dem Versbau Bedeutung, dem Klang der Worte Anmut
und Leben zu geben: aber bloß, damit diese Dinge gar
nicht, vielmehr einzig und allein der Gedanke, den sie
einschließen, erscheine. Denn das ist die Eigenschaft aller
echten Form, daß der Geist augenblicklich und unmittelbar daraus hervortritt, während die mangelhafte ihn,
wie ein schlechter Spiegel, gebunden hält, und uns an
nichts erinnert, als an sich selbst. Wenn du mir daher, in

dem Moment der ersten Empfängnis, die Form meiner
kleinen, anspruchlosen Dichterwerke lobst: so erweckst
du in mir, auf natürlichem Wege, die Besorgnis, daß
darin ganz falsche rhythmische und prosodische Reize
enthalten sind, und daß dein Gemüt, durch den Wort-
klang oder den Versbau, ganz und gar von dem, worauf
es mir eigentlich ankam, abgezogen worden ist. Denn
warum solltest du sonst dem Geist, den ich in die Schran-
ken zu rufen bemüht war, nicht Rede stehen, und grade
wie im Gespräch, ohne auf das Kleid meines Gedankens
zu achten, ihm selbst, mit deinem Geiste, entgegentreten?
Aber diese Unempfindlichkeit gegen das Wesen und den
Kern der Poesie, bei der, bis zur Krankheit, ausgebilde-
ten Reizbarkeit für das Zufällige und die Form, klebt
deinem Gemüt überhaupt, meine ich, von der Schule an,
aus welcher du stammst; ohne Zweifel gegen die Absicht
dieser Schule, welche selbst geistreicher war, als irgend
eine, die je unter uns auftrat, obschon nicht ganz, bei dem
paradoxen Mutwillen ihrer Lehrart, ohne ihre Schuld.
Auch bei der Lektüre von ganz andern Dichterwerken,
als der meinigen, bemerke ich, daß dein Auge (um es dir
mit einem Sprichwort zu sagen) den Wald vor seinen
Bäumen nicht sieht. Wie nichtig oft, wenn wir den Shakespeare zur Hand nehmen, sind die Interessen, auf welchen du mit deinem Gefühl verweilst, in Vergleich mit
den großen, erhabenen, weltbürgerlichen, die vielleicht
nach der Absicht dieses herrlichen Dichters in deinem
Herzen anklingen sollten! Was kümmert mich, auf den
Schlachtfeldern von Agincourt, der Witz der Wortspiele,
die darauf gewechselt werden; und wenn Ophelia vom
Hamlet sagt: »welch ein edler Geist ward hier zerstört!«
– oder Macduf vom Macbeth: »er hat keine Kinder!« –
Was liegt an Jamben, Reimen, Assonanzen und dergleichen Vorzügen, für welche dein Ohr stets, als gäbe es
gar keine andere, gespitzt ist? – Lebe wohl!   Ny.

ZUR TEXTGESTALTUNG

Der hier abgedruckte Text, wie ihn Helmut Sembdner in der 1961 erschienenen 2. Auflage seiner Ausgabe vorlegt, bringt gegenüber den Ausgaben von Erich Schmidt und G. Minde-Pouet zahlreiche Verbesserungen. Relativ gering sind diese, soweit sie die, im übrigen unter Wahrung des Lautstandes modernisierte, Rechtschreibung betreffen. Hier wurden vor allem die meisten Apostrophe wieder getilgt. Wichtig ist aber die Wiederherstellung der Zeichensetzung des Dichters. Kleist verwandte große Sorgfalt auf seine Interpunktion, durch die er Zäsuren, Betonungen, Heben und Senken der Stimme andeutete. Von Erich Schmidt und Minde-Pouet in großer Zahl dazugesetzte Satzzeichen verändern und verletzen empfindlich den Kleistschen Sprachfluß. Zudem hatten beide willkürlich Fragezeichen in Ausrufezeichen usw. verwandelt. Besonders auffällig ist Kleists Verwendung der Anführungszeichen, mit denen er nicht direkte oder indirekte Rede unterscheidet, sondern einzelne Sätze – sowohl direkte als auch indirekte Rede – hervorhebt und damit über die ganze Novelle hin Hilfen für das Verständnis gibt.

NACHBEMERKUNG

Heinrich von Kleist wurde am 18. Oktober 1777 in Frankfurt a. d. Oder als Sohn eines preußischen Stabsoffiziers geboren. 1792 trat er in das 2. Gardebataillon Potsdam ein, wurde 1797 Leutnant und schied 1799 freiwillig aus der Armee aus. 1799 bis 1802 war er mit Wilhelmine von Zenge verlobt. Er studierte Philosophie, Physik, Mathematik und Staatswissenschaft in Frankfurt a. d. Oder. 1800 Reise nach Würzburg, 1801 über Dresden nach Paris, 1802 erste Schweizer Reise. 1802/03 bei Wieland in Weimar, Kontakt mit Goethe und Schiller. 1803 zweite Schweizer Reise und nach Paris. 1805 bis 1807 im preußischen Staatsdienst. Anschließend in Dresden, Herausgeber des *Phöbus* und seit 1810 mit Adam Müller der *Berliner Abendblätter*. Am 21. November 1811 wählte Kleist zusammen mit der unheilbar kranken Henriette Adolfine Vogel am Wannsee bei Potsdam den Freitod.

Seine dramatischen Hauptwerke sind *Amphitryon* (1807), *Penthesilea* (1808), *Das Käthchen von Heilbronn* (1810), *Der zerbrochne Krug* (1811) und aus dem Nachlaß *Prinz Friedrich von Homburg*. Der Aufsatz *Über die allmähliche Verfertigung der Gedanken beim Reden* ist wahrscheinlich 1805/06 in Königsberg entstanden. *Das Erdbeben in Chili* wurde 1807 zum ersten Mal in Cottas *Morgenblatt* gedruckt und vom Autor 1810 für die Ausgabe der *Erzählungen*, in der u. a. auch *Michael Kohlhaas*, *Die Marquise von O . . .* und *Die Verlobung in St. Domingo* erschienen sind, neu redigiert. Die beiden vorn abgedruckten Fabeln stammen aus dem Jahr 1808. Alle übrigen Titel dieses Bändchens sind von Entstehung oder Druck in das Jahr 1810 zu datieren.

INHALT

Heinrich von Kleist

WERKE IN RECLAMS UNIVERSAL-BIBLIOTHEK

Amphitryon. Ein Lustspiel nach Molière. 7416

Das Erdbeben in Chili. Das Bettelweib von Locarno. Die heilige Cäcilie. Über das Marionettentheater und andere Prosastücke. 7670

Die Hermannsschlacht. Drama. 348

Das Käthchen von Heilbronn oder Die Feuerprobe. Großes historisches Ritterschauspiel. 40

Die Marquise von O ... Die Verlobung in St. Domingo. Erzählungen. 1957

Michael Kohlhaas. Aus einer alten Chronik. Mit einem Nachwort von Bruno Markwardt. 218 – dazu *Erläuterungen und Dokumente.* 8106

Penthesilea. Trauerspiel. Mit einem Nachwort von Ernst von Reusner. 1305

Prinz Friedrich von Homburg. Schauspiel. Mit einem Nachwort von Ernst von Reusner. 178

Robert Guiskard. Herzog der Normänner. Herausgegeben und eingeleitet von Wolfgang Golther. 6857

Der zerbrochne Krug. Lustspiel. 91 – dazu *Erläuterungen und Dokumente.* 8123 [2]

Der Zweikampf. Der Findling. Erzählungen. Mit einem Nachwort von Ernst von Reusner. 7792

PHILIPP RECLAM JUN. STUTTGART

Erläuterungen und Dokumente

zu Büchner, *Dantons Tod.* 8104 – zu Büchner, *Woyzeck.* 8117 – zu Droste-Hülshoff, *Die Judenbuche.* 8145 – zu Dürrenmatt, *Der Besuch der alten Dame.* 8130 – zu Fontane, *Effi Briest.* 8119 [2] – zu Fontane, *Frau Jenny Treibel.* 8132 [2] – zu Fontane, *Irrungen, Wirrungen.* 8146 [2] – zu Fontane, *Der Stechlin.* 8144 [2] – – zu Frisch, *Biedermann und die Brandstifter.* 8129 [2] – zu Goethe, *Egmont.* 8126 [2] – zu Goethe, *Götz von Berlichingen.* 8122 [2] – zu Goethe, *Hermann und Dorothea.* 8107 [2] – zu Goethe, *Iphigenie auf Tauris.* 8101 – zu Goethe, *Die Leiden des jungen Werthers.* 8113 [2] – zu Grass, *Katz und Maus.* 8137 [2] – zu Grillparzer, *König Ottokars Glück und Ende.* 8103 – zu Grillparzer, *Weh dem, der lügt!* 8110 – zu Hauptmann, *Bahnwärter Thiel.* 8125 – zu Hauptmann, *Der Biberpelz.* 8141 – zu Hebbel, *Agnes Bernauer.* 8127 [2] – zu Hebbel, *Maria Magdalena.* 8105 – zu Hoffmann, *Das Fräulein von Scuderi.* 8142 [2] – zu Kaiser, *Von morgens bis mitternachts.* 8131 [2] – zu Keller, *Das Fähnlein der sieben Aufrechten.* 8121 – zu Keller, *Romeo und Julia auf dem Dorfe.* 8114 – zu Kleist, *Das Käthchen von Heilbronn.* 8139 [2] – zu Kleist, *Michael Kohlhaas.* 8106 – zu Kleist, *Prinz Friedrich von Homburg.* 8147 [3] – zu Kleist, *Der zerbrochne Krug.* 8123 [2] – zu J. M. R. Lenz, *Die Soldaten.* 8124 – zu Lessing, *Emilia Galotti.* 8111 [2] – zu Lessing, *Minna von Barnhelm.* 8108 – zu Lessing, *Nathan der Weise.* 8118 [2] – zu Th. Mann, *Tristan.* 8115 – zu Meyer, *Das Amulett.* 8140 – zu Mörike, *Mozart auf der Reise nach Prag.* 8135 [2] – zu Nestroy, *Der Talisman.* 8128 – zu Schiller, *Don Carlos.* 8120 [3] – zu Schiller, *Maria Stuart.* 8143 [3] – zu Schiller, *Die Räuber.* 8134 [3] – zu Schiller, *Wallenstein.* 8136 [3] – zu Schiller, *Wilhelm Tell.* 8102 – zu Shakespeare, *Hamlet.* 8116 [3] – zu Stifter, *Abdias.* 8112 – zu Stifter, *Brigitta.* 8109 – zu Storm, *Der Schimmelreiter.* 8133 [2] – zu Zuckmayer, *Der Hauptmann von Köpenick.* 8138 [2]

In Vorbereitung:
zu Th. Mann, *Mario und der Zauberer.* – zu Nestroy, *Lumpazivagabundus.* – zu Schiller, *Kabale und Liebe.* – zu Wedekind, *Frühlings Erwachen.*

Philipp Reclam jun. Stuttgart